F.G. Klimmek
Tod mit Moselblick

Bisher vom Autor erschienene Titel bei KBV:

»Wie die Fliegen«
»Schnee von gestern«
»Der Raben Speise«
»Des Satans Schatten«

F.G. Klimmek, geboren 1949 in Wanne-Eickel, ist Rechtsanwalt, nebenher hat er sich der Herpetologie (Kriechtierkunde) verschrieben und ist ein profunder Kenner der Kriminalliteratur Sir Arthur Conan Doyles.
Homepage des Autors: www.das-kriminalmuseum.de

F.G. Klimmek

Tod mit Moselblick

KBV
KRIMI

Originalausgabe

www.kbv-verlag.de
E-Mail: info@kbv-verlag.de
Telefon: 0 65 93 - 99 86 68
Fax: 0 65 93 - 99 87 01
Umschlagillustration: Ralf Kramp
Redaktion, Satz: Volker Maria Neumann, Köln
Druck: Grenz-Echo AG, Eupen
www.grenzecho.be
Printed in Belgium
ISBN 3-937001-75-1

»I'm an alien,
I'm a legal alien,
I'm an Englishman in New York.«

Sting

1. Kapitel

Die Uhr hatte von ihren sechs Schlägen erst drei geschafft, als ich seinen Tisch auf der Terrasse des Lokals *Alter Moselbahnhof* ansteuerte. Er empfing mich mit einem breiten Lächeln, stand auf und streckte mir die Hand entgegen.

»Herzlich willkommen, Herr Gregorius!« Und mit einem schräg gelegten Kopf, das Ohr in Richtung Glockengeläute: »Pünktlichkeit ist die Höflichkeit der Könige.«

Seine leere Kaffeetasse bewies, dass er schon eine Weile hier war. Also war er der Kaiser. Wenigstens hatte er auf den Spruch verzichtet »pünktlich wie die Maurer«, obwohl der in seiner Branche am nächsten gelegen hätte. Manfred Kutowski war das, was man einen Baulöwen nannte, und nach den jüngsten Expansionen seiner Firma eher ein ganzes Rudel davon.

»Ich danke Ihnen sehr, dass Sie sich die Zeit genommen haben und hier runtergekommen sind. Der Hauptsitz der Firma ist zwar immer noch in Essen, aber seit sich mein Schwiegervater hier an der Mosel bei seinem geliebten Wein zur Ruhe gesetzt hat, erschien es mir ratsam, ebenfalls runterzuziehen und eine kleine Filiale vor Ort zu eröffnen. Ist mehr für die Familie, ich selber bin noch oft genug im Pott. – Ich hoffe, Sie haben keine Einwände, die Sache in einem Lokal zu erörtern. Ich finde eine Büroatmosphäre einfach ein bisschen unangemessen. Das käme mir so vor, als wolle man ein Unglück erst heraufbeschwören.«

Dass er ein Büro nicht liebte, konnte ich im wahrsten Sinne des Wortes nachfühlen. Die leichten Schwielen, die ich bei seinem Händedruck gespürt hatte, belegten nachhaltig, dass er auch heute noch auf dem Bau mit zupackte, obwohl er es vom Finanziellen her nun wirklich nicht mehr nötig hatte. Aber er war der Mann, der sich von ganz unten hochgearbeitet und schließlich die Tochter vom Chef geheiratet hatte. Ob er sich auch heute noch etwas auf die Cheftochter einbildete, wusste ich nicht. Aber dass er auf seine Malochervergangenheit stolz war, merkte man deutlich, wenn er auch mit entsprechenden Kursen an Sprache und Aussehen gefeilt und sich das Erscheinungsbild eines Generaldirektorpräsidenten und Aufsichtsratsvorsitzenden in Personalunion zugelegt hatte. Seine modulierte Stimme bewies eine Ausgeglichenheit, wie sie nur bei Kerlen vorkommt, die es geschafft haben, Frau, Freundin und Finanzamt unter einen Hut zu bringen.

Ich lächelte höflich zurück. Die Zeit hatte ich mir sehr gerne genommen, denn erstens hatte ich mal wieder keinen anderen Fall in Arbeit, und mein Kontostand ging schneller gegen Null als der Tankanzeiger bei einem Jaguar E, und zweitens zahlte er mir nur fürs Erscheinen und Zuhören eine Stundenpauschale von zweihundert Euro. Drei Stunden hatte ich bei der gegenwärtigen Verkehrslage allein für die Hinfahrt gebraucht. Da hatte er Anspruch auf mächtig viel Verständnis für alle möglichen Marotten.

Ich setzte mich ihm gegenüber an den Tisch, der einen faszinierenden Blick über die Anlegestelle der Ausflugsschiffe hinweg auf das gegenüberliegende Kues bot. »Keine Ursache. Es ist Ihr Geld.«

Sein Lächeln wurde noch breiter. »Eigentlich das Geld meiner Frau, aber das wissen Sie ja. Sie werden sich natürlich sowieso besser an mich erinnern als ich mich an Sie. Ehrlich gesagt, ich hab Sie damals überhaupt nicht bemerkt. Dieser Umstand hat mich im Nachhinein so beeindruckt, dass ich unbedingt Sie für diese Sache haben wollte.«

Damals, das war etliche Jahre her, zu einer Zeit, als Michael Jackson noch schwarz war. Ich hatte in Diensten der Essener Kriminalpolizei gestanden, unterbezahlt wie alle meine Kollegen. Deshalb hatte ich mir kleine Nebenjobs verschafft, die in mein Ressort fielen, Beschattungen, Überprüfungen, dieser Kram. Damals hatte die Firma, deren aktueller Boss gerade für mich einen Kaffee und einen Winzertrester bestellte, noch seinem Schwiegervater gehört, dem alten Dietrich Lechtenbörger, dessen Tochter Gisela ein ziemliches Früchtchen war und sich massiv mit anderen Späthippies in der Drogenszene von Dortmund rund um den Platz von Leeds herumtrieb. Sie hatte einen Sohn, der, so munkelte man, nicht von ihrem Ehemann stammte, und um den sie sich schon deshalb nicht kümmern konnte, weil der alte Lechtenbörger sie von einer Therapie in die andere verfrachtete. Als dem Ehemann die Eskapaden seiner Frau zu viel geworden waren, entdeckte man ihn nach drei Tagen der Unauffindbarkeit in der Jagdhütte vom Alten, wo er den Mund voll Wasser genommen, ein Schrotgewehr nachgeschoben und sich auf diese Weise enthauptet hatte. Der Mann hatte im Physikunterricht nicht geschlafen, er wusste, was Stempeldruck bedeutet.

Hatte die Scheiße vorher schon genug gekocht, war sie für den Alten jetzt übergelaufen. Er fing endlich an, Nägel mit Köpfen zu machen. Seinen Enkel schickte er in ein Internat nach Österreich, seine Tochter verheiratete er mit Manfred Kutowski, der sein bester und zuverlässigster Polier gewesen war, dann später, nach Abendschule und sonstiger Fortbildung, der leitende Bauingenieur, der immer schon mehr unheimlich als heimlich für Gisela geschwärmt hatte. Er selbst gab den Firmenvorsitz ab und übertrug dem neu gewonnenen Schwiegersohn sämtliche Vollmachten. Allerdings hatte er insoweit Sperren eingebaut, als das Kapital sowie alle Liegenschaften im Alleineigentum seiner Tochter blieben. Da waren die Bande des Blutes doch wieder stärker als die Vernunft. Und für die wahrhaft wichtigen Sachen brauchte Kutowski immer noch die Gegenzeichnung des Alten.

Bevor es zur Verheiratung kam, wurde ich zugezogen. Der Alte kannte den Schwiegersohn in spe nur aus dem firmeninternen Bereich – wie er privat war, wusste er nicht. Und er hatte mächtig Schiss, sich einen bisexuellen, rauschgiftabhängigen Zocker einzuhandeln. Ich brauchte ungefähr eine Woche, um festzustellen, dass Kutowski privat genauso okay war wie beruflich, keine sexuellen Perversionen, kein Rauschgift, allenfalls ein harmloses Kartenspielchen hier und da. Lechtenbörger hatte mich bei unseren wenigen Kontakten immer von oben herab behandelt, was aber wohl mehr an meinem Beruf als meiner Person lag. Aber das notwendige Übel hatte gute Arbeit geleistet. Deshalb bezahlte er mich für meinen Job mehr als gut, und die Sache war erledigt.

Das alles war, wie gesagt, jetzt fast sieben Jahre her. Aber die Glocken der Erinnerung läuteten sofort wieder, als Kutowski mich anrief.

»Ich will Sie nicht mit irgendwelchem Unsinn behelligen, aber ich will mir auch nicht den Vorwurf machen lassen müssen, eine Sache nicht ernst genommen zu haben, die sich zu einer Katastrophe auswachsen könnte. – Ich denke da im Endeffekt mehr an den Gesundheitszustand meiner Frau als einen finanziellen Nachteil für die Firma.«

Mit dem Trester war ich fertig, den Kaffee hatte ich noch nicht angerührt. »Für zweihundert die Stunde können Sie mir erzählen, dass Sie Ihr schärfster Konkurrent auf dem Tiefbausektor mit dressierten Maulwürfen aus dem Geschäft drängen will. Ich höre zu.«

Sein Gesichtsausdruck war nicht mehr ganz so fröhlich wie am Anfang. »Wenn es nur das wäre, würde ich Ihnen zweitausend zahlen und einen Kammerjäger zur Unterstützung holen. Nein, es könnte durchaus mehr dahinterstecken, und das Blöde ist, ich weiß nicht, was, ich weiß nicht mal, aus welcher Richtung was kommen könnte.«

Dabei war mein Gegenüber durchaus in der Lage, aus Fakten die richtigen Schlüsse zu ziehen; denn nach einem kurzen Blick auf mein leeres Glas orderte er sofort noch einen Schnaps.

»Ich kann mich nur wiederholen: Ich höre Ihnen zu. – Sagen Sie mir ganz einfach, welche Umstände Sie überhaupt veranlasst haben, irgendetwas Nachteiliges zu befürchten.«

Damit lehnte ich mich zurück und musterte mein Gegenüber unter halbgeschlossenen Lidern genauer. Outfit salopp, aber vom Feinsten. Genau das richtige Maß zwischen Protz und Understatement, das man erreicht, wenn man sich vom teuersten Schneider in Hongkong aus Rohseide einen Anzug basteln lässt und in den Klamotten anschließend nach Hause schwimmt. Am Handgelenk eine Calvin-Klein-Uhr, eines dieser flachen Dinger, die je nach Temperatur fließend die Farbe wechseln und bei der ich nicht mit bewundernden Blicken sparte; denn wenn ein Mensch für so was Geld ausgibt, dann legt er Wert darauf, dass das goldene Kalb auch von anderen angebetet wird. Den Schuhen sah man an, dass sie bequem und leicht wie Pantoffeln saßen. Alles très chic, très cher. Der noble Gesamteindruck wurde nur durch das Geglitzer um seinen Hals beeinträchtigt. Wie ein Prolet, der sich von allen anderen Proleten dadurch unterscheiden will, dass er sich genauso ausstaffiert wie sie, trug er eine dieser ekligen Goldketten. Ich war überzeugt, dass sie von Cartier und echt war, aber ich bin Nostalgiker und daher der Überzeugung, dass als Mann nur Bürgermeister und Schützenkönige mit so einem Gebaumel herumlaufen dürfen. Zu seiner Entschuldigung unterstellte ich ihm, den Plunder beim illegalen Zocken von einem Luden gewonnen zu haben.

Er räusperte sich so dezent, wie man es in Kursen für leitende Angestellte lernt, und fand endlich auf seinem Stuhl die richtige Sitzposition. »Lassen Sie mich vorab eines klarstellen, bevor ich in medias res gehe« – gut angelegtes Geld für seine Allroundschulung, alles was recht ist – »meine Frau muss unbedingt vor jeder Aufregung geschützt werden. Dieser Aspekt hat unbedingte Priorität.«

Erstens, fand ich, übertrieb er die Zurschaustellung seiner hart erkauften Bildung ein wenig, und zweitens hatte ich seine Frau zwar als drogenabhängig, aber nicht unbedingt als zerbrechlich in Erinnerung. Sie hatte sich jahrelang im Milieu bewegt und konnte schon allein deshalb einiges ab.

Der neue Schutzpatron meines Girokontos musste mir leichte Zweifel angemerkt haben, denn er fühlte sich zu einer näheren Erläuterung veranlasst. »Die medikamentösen Behandlungen meiner Frau sind nicht spurlos an ihr vorübergegangen. Da müssen die Seelenklempner in ihrem Unfehlbarkeitswahn großen Mist gemacht haben. Ich hatte schon immer meine Befürchtungen, aber der Alte, ähem, mein Schwiegervater, ließ sich da in nichts reinreden. Na ja, Sie haben ihn ja selber erlebt. Er ließ die weißen Götter so lange werkeln, bis es zu spät war. Jedenfalls hat Gisela seit circa fünf Jahren einen schweren Herzfehler, so schwer, nach Auskunft von Spezialisten, dass psychischer Stress sie töten kann. Sie hat bereits zwei Vorderwandinfarkte hinter sich. Ihr Leben hängt, wie man so sagt, an einem seidenen Faden. – Also, für die Zukunft, wenn Sie im Zuge Ihrer Ermittlungen irgendetwas herausgefunden oder zu besprechen haben, denken Sie stets daran: Immer nur mit und immer zuerst zu mir. Und auch wenn ich mal nicht erreichbar sein sollte, niemals auch nur ein Wort zu meiner Frau. – So, und jetzt zur eigentlichen Sache.«

Dabei dehnte er sich in seinem Stuhl und knetete mit beiden Händen kurz die vierzig Gramm Übergewicht, die er auf den Rippen hatte. Als ständige Düpierung seiner Altersgenossen mit ihren Speckrollen hatte das Fett respektvolle Distanz zu seiner Person gehalten.

Nachdem er sich so für den Hauptkampf fitmassiert hatte, griff er in die Innentasche seiner Jacke und holte drei kleine Zettel hervor. »Ich hatte schon ein seltsames Gefühl, als der erste ankam und ich ihn noch gar nicht richtig gesehen hatte, ein ganz seltsames Gefühl im Magen.«

Vielleicht sollte er gleich auf das andere Flussufer rüber in die *Cusanus*-Apotheke gehen und sich ein Abführmittel holen, was ich ihm natürlich nicht sagte. Bei zweihundert die Stunde versucht man, seinen Klienten bei Laune zu halten, und betet, dass die Zeit vergeht. Trotzdem, so viel Quatsch konnte ich nicht durchgehen lassen. »Da gibt es hervorragende Mittel, die billiger sind als ich und mit Sicherheit helfen.«

Es war nicht ganz der Blick, mit dem das Kaninchen die Schlange anstarrt, aber einiger finaler Unglauben konzentrierte sich schon in seinen Augen.

»Nichts Weltbewegendes. Ich denke an Underberg oder Boonekamp.«

Es erschien ein weltmännisches Schmunzeln, für das ihn sein Personality-Manager gelobt hätte. »Wahrscheinlich haben Sie Recht.« Und mit dem entschuldigend-verschämten Blick eines Jungen, dem sein Wissen peinlich ist, der es aber trotzdem an den Mann bringen will, fügte er hinzu: »Wissen

Sie, manchmal fühle ich mich direkt wie so ein antiker Seher, der die Zukunft allein aus dem Flug der Vögel voraussagen kann, so ein Haruspex.«

Hoppla, alles konnte man also zum Glück doch nicht kaufen. Der Typ, den er nannte, liest die Zukunft aus den Eingeweiden von Tieren. Der Bursche, der in den Himmel peilt, bis er sich einen Spatzenschiss auf der Stirn einhandelt, heißt Auspex. Aber er war der Mann mit der Kohle. Also bewies ich wieder Arbeitnehmermentalität, hielt wieder den Mund und konzentrierte meinen Blick auf drei Schwäne, die stellvertretend für alle ihre gerade so verkannten Artgenossen in Formation unter der Brücke hindurchflogen, die nach Kues zum Weinmuseum hinüberführt.

Das Stück Papier, das er neben meine Kaffeetasse legte, hatte die ungefähre Größe eines Medikamentenbeipackzettels und enthielt keinen Text. Nur eine einzige Zahl, steil mit Filzschreiber wie nach einer Schablone gemalt.

1.000.000.

Ich drehte und wendete den Schnipsel ein paarmal zwischen den Fingern, ohne dass mir eine großartige Erleuchtung daraus zuteil wurde. Simples, kariertes Papier, wie man es aus Rechenheften oder von Büroblöcken kennt.

Kutowski ließ mich in Ruhe meine Zelluloseautopsie à la Samantha Ryan zu Ende bringen und legte dann einen zweiten Zettel daneben. Man sah auf den ersten Blick, dass er ein Zwilling des ersten war.

»Wie hat man Ihnen die zukommen lassen?«

Er runzelte leicht die Stirn. »Genau weiß ich das selber nicht. Ich hab sie das erste Mal gesehen, als sie bei mir auf dem Schreibtisch lagen. Die Haushälterin hatte sie gefunden – unter der Tür durchgeschoben.« Um meiner Frage vorzubeugen, erläuterte er: »Wir wohnen nicht so abgelegen, wie man es vom Inhaber einer Baufirma allgemein erwartet. Unser Haus liegt nur ein paar Kilometer von hier, in Brauneberg. – Na, das werden Sie ja sehen. – Dorothea, also unsere Hausdame, hat erst den einen Zettel gefunden, ihn in die Tasche gesteckt und dann vergessen. Er fiel ihr erst wieder ein, als ein paar Tage später der zweite da lag. Gestern Morgen kam der dritte. Ich hab ihn vor der Tür gefunden, als ich ins Büro wollte.«

Damit legte er den noch ausstehenden Drilling vor mich hin, der sich von seinen älteren Brüdern durch ungewohnte Originalität abhob. Unter der schon bekannten Zahl stand in der anonymen Schrift eines Computerdruckers:

Heute back ich ...

Um überhaupt etwas zu sagen, brummelte ich: »Sehr merkwürdig.«

»Nicht wahr? Insbesondere ist die Art und Weise sehr merkwürdig, wie mir die Botschaft überbracht wurde – das Ding steckte in einem Brötchen!«

»In was, bitte?«

»In einem Brötchen. Man hatte ein Loch reingedrückt und den Zettel hineingesteckt. Es lag vor der Tür und ein paar Spatzen pickten daran herum. Es ist mir nur deshalb aufgefallen, weil der Zettel an der Seite herausguckte.«

»Wie es dahin gekommen ist, brauch ich Sie wohl nicht zu fragen?«

Er nickte nachdrücklich. »Keine Ahnung.«

Ich drehte und wendete auch diesen Zettel einige Male – mehr, um meine momentane Ideenlosigkeit zu überspielen. Dann legte ich ihn zurück. »Was bringt Sie dazu, für teures Geld einen Privatdetektiv einzuschalten? Was hält Sie davon ab, einfach an einen Kinderscherz zu glauben?«

Er nahm einen Schluck von seinem Kaffee und wiegte dann in Zeitlupe den Kopf hin und her. »Ich weiß nicht, worin der

Witz liegen könnte. – Ich glaube, dass Kinder längst nicht mehr so kreativ sind wie früher, ganz einfach deshalb, weil sie es nicht mehr sein müssen. Alles ist schon vorgefertigt, alles auf Abruf zu haben. Kein Kind muss sich noch selbst etwas basteln, ich meine richtig basteln, weil heutzutage schon alle Teile vorgefertigt sind und nur noch zusammengesetzt werden müssen. Wenn dies hier ein schlauer Scherz sein soll, über den sich ein Kind wirklich den Kopf zerbrochen hat, dann wär doch alles sinnlos, wenn der Betroffene den Scherz nicht erkennt. Außerdem neigen Kinder zu Übertreibungen. Nehmen wir mal an, diese Zettel sollten so was wie eine Bedrohung darstellen, eine Erpressung einleiten oder so, dann hätte ein Kind bestimmt noch einen Totenkopf mit gekreuzten Knochen dazugemalt, irgendetwas in der Art. Aber nur eine Zahl und ein unverständlicher Satzanfang ...?«

Das konnte ich nicht widerlegen, zumal ich alles andere als ein Sachverständiger für Kinderkram bin. Und in ihre Seelen kann ich schon gar nicht gucken.

Kutowski beugte sich ein wenig zu mir herüber und senkte die Stimme, obwohl ohnehin keiner in der Nähe saß, der uns zuhören konnte. »Wenn Sie mir versprechen, nicht zu lachen, hätte ich da eine Vermutung, obwohl ich nicht weiß, ob ...« Kutowski sah sich vorsichtshalber noch einmal um, bevor er fortfuhr. »Meine Firma arbeitet im Moment an einem ziemlich großen Projekt. Nebenan in Brauneberg, fast bei mir vor der Tür, entsteht eine Seniorenresidenz, wie Sie sie in dieser Form hier weit und breit nicht finden werden. Allererste Klasse, aber auch ziemlich voluminös. Sie können sich nicht ausmalen, was ich für einen Affentanz mit den Behörden hinter mich bringen musste. Aber, na ja, jetzt ist wohl alles unter Dach und Fach. Wir haben den Zuschlag für die Errichtung des Rohbaus bekommen, der schon fast hochgezogen ist.«

Zeit, ihm zu demonstrieren, dass ein Detektiv eine Denkmaschine und sein Geld wert ist. »Sie wollen andeuten, dass der Kasten Umwelt- und Naturschützern ein Dorn im Auge ist? Deswegen auch das Brötchen, unverfälschtes Grundnahrungsmittel aus altem Schrot und Korn, so nach dem Motto: Hände weg von der Natur?« Ich hielt meine Idee gar nicht für so schlecht.

Ihm entlockte sie nur ein müdes Lächeln. »Nein, das ist nicht ganz die Richtung, in die ich dachte. – Die Bauherren hatten seinerzeit beschlossen, bei Auftragserteilung den Innenausbau noch nicht zu vergeben. Sehr ungewöhnlich, aber zu der Zeit wackelten die Firmen beträchtlich, die für diese Arbeiten in Frage kamen, und man wollte sich nicht auf einen Pleitier festlegen. – Vielleicht haben Sie mitbekommen, dass wir die Situation genutzt und unseren Geschäftsbereich dadurch erweitert haben, dass ein paar dieser kleinen Firmen von uns geschluckt worden sind?«

Hatte ich.

»Dadurch sind wir auch auf dem Sektor ein Marktführer geworden, und wir haben beste Chancen, auch den Anschlussauftrag zu bekommen. Das wird unseren Hauptkonkurrenten quer den Hals runtergehen. Wie gesagt, wir hatten Innenausbauflaute, und jeder dieser Betriebe war scharf auf den Auftrag.«

Klar, so kurz vor dem sicher geglaubten Zuschlag von einem Branchenfremden abgefangen zu werden, konnte einen stinksauer machen. Aber wieso diese Art und Weise der Warnung? »Das ist ein beachtliches Argument. Bloß, warum ausgerechnet ein Brötchen und dieser komische Spruch?«

»Mein hauptsächlicher Nebenbuhler kommt aus Kronheim. Es wäre Zufall, wenn Sie von ihm schon mal gehört hätten. Er heißt Heinz Bäcker.«

Trotz seiner gegenteiligen Vermutung war mir die Baufirma von Bäcker geläufig. Zwar hatte ich nie mit ihm zu tun gehabt, aber in der Presse war man immer mal wieder auf Berichte über ihn gestoßen, weil er von seinem vielen Geld ein paar müde Taler abgezweigt und davon ein Tierheim errichtet, die Haltungskosten eines seltenen Zootiers übernommen hatte und so weiter. Ob das alles bloß Imagepflege sein sollte oder ein tieferes Bedürfnis nach Unterstützung der geschundenen Kreatur dahintersteckte, wusste ich nicht, es konnte mir letztlich aber auch egal sein, weil jedenfalls für die armen Viecher etwas dabei herumkam. Bäcker war mir also nicht grundsätzlich unsympathisch, was allerdings kein Grund war, ihn von vornherein von der Liste der potenziellen Verdächtigen zu streichen. Trotzdem kam mir die namentliche Verbindung von Berufsbezeichnung beziehungsweise Name und Erzeugnis eher wie das Spielchen eines ziemlich naiven Kindes vor.

Mein Auftraggeber wollte diesen Einwand jedoch nicht gelten lassen. »Sie kennen Bäcker nicht persönlich, wie ich vermute?«

Meine stumme Kombination aus Kopfschütteln und Nicken bestätigte dies.

»Ich selber hatte öfters mit ihm Kontakt, wie Sie sich vorstellen können. Er ist der Typ, der zu solchen Faxen neigt. Er hat eine ganz kuriose Art von Humor. – Ich verstehe Ihre Bedenken. Es wäre natürlich der klarere Weg, mich einfach anonym anzurufen. Aber dieser leicht kindische Touch, das ist genau Bäckers Masche. Ich erinnere mich da an eine Ausschreibung, bei der in einem sehr frühen Stadium durchgesickert war, dass das erste eingegangene Angebot von keinem der anderen Bewerber zu schlagen war. Bäcker hat trotzdem noch eines eingereicht, aber auf Toilettenpapier getippt, um zu zeigen, wie ihm diese ganze Kamineausschreibung, entschuldigen Sie den Ausdruck, am Arsch vorbeiging. – Wie gesagt, ich halte ihn durchaus für den möglichen Hintermann.«

Während seines Monologs hatte Kutowski der Kellnerin einen Wink gegeben, die jetzt mit einem Teller an unseren Tisch marschiert kam, auf dem auf einer blütenweißen Serviette aus Stoff zwei mittelbraune, leicht grünfleckige Zigarren lagen.

»Bitte, bedienen Sie sich. Monte Christo, original kubanisch, handgerollt. Die habe ich hier extra für meine gelegentlichen Besuche deponiert.«

Einen Lungentorpedo dieser Güte, vor allem in dieser Preiskategorie, bekommt man nicht alle Tage geschenkt. Ich genierte mich nicht zuzugreifen.

Von Kutowski hatte ich erwartet, dass er die Rolle des harten Ex-Malochers auf die Spitze treiben und die der Zigarre einfach abbeißen und wegspucken würde. Das hätte er vielleicht auch getan, wenn er im Palisanderraum eines Großkonzerns auf dem handgeknüpften Perser stumm seine Runden gedreht und so den Vorstandsmitgliedern die Erkenntnis vermittelt hätte, dass man ihn nicht mit Scheinangeboten über den Leisten ziehen konnte. Hier war keine Show vonnöten, deshalb bediente er sich ganz unprätentiös eines Zigarrenabschneiders.

»Nachdem Sie mich wegen des guten Eindrucks kontaktiert haben, den Sie aufgrund meiner früheren Recherche über Ihre Person gewonnen hatten, hoffe ich, den jetzt nicht zu zerstören, wenn ich ein paar ganz banale Anmerkungen zu machen habe. Aber ich ...«

Kutowski wedelte beschwichtigend den Rauch seiner Havanna weg, während ich mich noch immer abmühte, mit dem Ende eines Streichholzes ein Loch in das Mundstück zu bohren – mit einem Zigarrenabschneider zerquetsche ich regelmäßig das Deckblatt.

»... kann mir beim besten Willen nicht vorstellen, dass ein Konkurrent, der auf dem Niveau Ihrer Firma Geschäfte macht, finanziell so schlecht dasteht, dass er Geld erpressen muss. Und das soll diese eine Million doch wohl bedeuten, oder?«

Er paffte einen grauzarten Schleier gegen die strahlendrote Abendsonne, nahm die Zigarre aus dem Mund, roch an ihr, rollte sie vorsichtig zwischen den Fingern, und weil ihm das noch nicht genügend Zeit zum Nachdenken verschafft hatte, ließ er auf ein kaum merkliches Zeichen erneut die Kellnerin herbeiwieseln, die zwei Remy Martin auf den Tisch stellte. Anscheinend kannte sie die Prozedur schon und hatte alles vorbereitet, die Gläser leicht angewärmt, den Cognac genau richtig temperiert.

Nachdem er mir schweigend zugeprostet hatte, kam dann doch noch die Antwort. »Ich weiß es nicht. Ich weiß überhaupt nicht, was ich davon halten soll. Meines Erachtens ist Bäcker finanziell frisch. Und obendrein ist er nicht so blöd, eine Straftat von solcher Gewichtung zu versuchen. Aber er ist der Einzige, der mir in diesem Zusammenhang einfällt.«

»Und was hätte er davon, Ihnen so eine, na sagen wir, skurrile Nachricht zukommen zu lassen, noch dazu auf diesem Wege?«

Bevor er antwortete, nahm er einen so tiefen Zug, dass er einen Hustenanfall nur mit Glück vermeiden konnte. »Ich kann mich da nur wiederholen: Ich weiß es nicht. Aber genau dafür sind Sie ja hier. Ich möchte, dass Sie die ganze Angelegenheit durchleuchten, ihr auf den Grund gehen. Ich will einfach sicher sein, alles getan zu haben, um das Wohl meiner Familie zu schützen. Kein Mensch, und am allerwenigsten mein werter Schwiegervater, soll mir irgendwann den Vorwurf machen können, dass ich auf ein erstes leichtes Lüftchen nicht reagiert und meine Angehörigen dadurch dem nachfolgenden Wirbelsturm ausgesetzt habe. – Finden Sie heraus, was dahintersteckt!«

Toll. Ich sollte nicht die Nadel im Heuhaufen finden. Ich sollte herausfinden, ob es auf dieser Welt irgendwo einen Heuhaufen gab, in dem eine Nadel stecken könnte.

»Dann gestatten Sie mir noch eine simple Frage – womit könnte man Sie denn überhaupt erpressen? Wegen meiner damaligen Recherchen weiß ich, dass Sie keinen Dreck am Stecken haben ...«

Sein zustimmendes Nicken wurde von einem freundlichen Schmunzeln begleitet.

»... oder, genauer gesagt, bis dahin jedenfalls keinen Dreck am Stecken hatten.«

Er nickte immer noch, aber das freundliche Lächeln fehlte.

Das erinnerte mich an meinen Kontostand, und ich beeilte mich, auf die verbindliche Schiene zurückzufahren. »Und weil ich davon ausgehe, dass Ihre Person nach wie vor keinen Ansatzpunkt für eine Erpressung bietet, wie könnte dann so etwas vor sich gehen?«

Das war eine blöde und eines guten Detektivs unwürdige Frage, aber mir fiel im Moment nichts Besseres ein, um von meinem Fauxpas abzulenken und seine Laune wieder herzustellen. Was mir auch augenblicklich gelang, denn sofort hellte sich seine Miene wieder auf angesichts der gebotenen Gelegenheit, wieder in Boss-Manier zu dozieren.

»Oh, da gibt es vielfältige Möglichkeiten, die alle ohne personellen Bezug sind und sich gegen jedermann in meiner Position richten könnten. Denken Sie nur an die ganz einfachen Methoden wie bei einer Schutzgelderpressung. In der Baubranche könnte das in erster Linie Sabotage der Baustelle sein. Die Arbeiter könnten direkt angegangen werden. Man könnte Druck auf die Zuliefererfirmen ausüben, dass die aus dem Kontrakt aussteigen. Man könnte da noch ...«

»Okay, danke, ich habe verstanden. Dann werde ich die Sache also wohl besser von der Motivseite her anpacken und mich ein bisschen mit Ihrem humorvollen Konkurrenten Bäcker beschäftigen.«

Mit einem wohlwollenden »Tun Sie das, Herr Gregorius, tun Sie das« wollte er die Audienz beenden.

Dummer- beziehungsweise fairerweise war ich aus einem unerfindlichen Grund bereit, meinen erhofften Kontostand zu sabotieren. »Meinen Sie wirklich nicht, dass das alles nur eine Kinderei ist und man sich erst dann Gedanken machen sollte, wenn etwas Konkretes passiert ist?«

Kutowski hatte sich schon halb aus seinem Stuhl erhoben, ließ sich jetzt aber wieder zurücksinken und sah mich mit einem durchdringenden Blick an, der keinen Zweifel an der Ernsthaftigkeit seiner Beweggründe ließ. »Ich habe Ihnen doch gerade von der Herzkrankheit meiner Frau berichtet. Und ich liebe meine Frau, Punkt aus. Da können sich alle die Mäuler zerreißen, wie sie wollen, aber es ist so. Ich liebe überhaupt meine ganze Familie. Ich habe mein Leben lang nicht geschuftet, damit irgendein Spinner daherkommt und alles zunichte macht. – Ich weiß ja nicht, was dahintersteckt. Verdammt noch mal, genau deshalb sollen Sie sich ja darum kümmern. Ich weiß eben nicht, worum es geht. Aber ich weiß eines ganz genau: Meiner Familie darf nie etwas passieren, niemals!«

Bei den letzten Worten schob er mir einen Briefumschlag über den Tisch, dessen verheißungsvolle Dicke mich in eine Hochstimmung versetzte, in der ich mich ohne zu zögern sogar mit dem Kampsschen Brötchenimperium angelegt hätte. Ein zweites, dünneres Couvert enthielt ein zweifach gefaltetes Blatt von DIN-A-4-Größe, das mich unter einem Briefkopf von Kutowskis Firma zu einem Bevollmächtigten erklärte, dem jeder Mitarbeiter uneingeschränkt Hilfestellung zu leisten hatte.

»Und jetzt machen Sie einfach, was Sie für richtig halten, um dem Ganzen auf den Grund zu gehen. Meine Nummer haben Sie ja.«

2. Kapitel

Dem Haus nach war auch Bäcker ein Mann der Tat und keiner, der sich mit dem gescheffelten Geld in einer Neureichenvilla verschanzte, wie man sie zuhauf ein paar Kilometer vorher in dem Örtchen fand, das angeblich die größte Millionärsdichte von Deutschland aufwies. Ich muss zugeben, dass ich diese Bonzenherbergen auf dem Hinweg mit einigem Neid betrachtet hatte. Großzügige, dabei durchaus anheimelnde Bauweise in hellen Farbtönen, von der Straße zurückgesetzt, weit geschwungene Bögen im Eingangsbereich und saalartige Zimmer, die meisten davon mit unverbaubarem Blick ins Grüne. Ich halte nichts davon, dass sich arme Schlucker, denen ich mich die meiste Zeit mit Recht zugehörig fühle, bei solchen Konfrontationen mit dem Mammon mit Allgemeinplätzen trösten sollen wie »The best things in life are free« oder »Lieber arm und gesund als reich und krank«. Als ob Reichtum und Krankheit zwingend Hand in Hand gehen würden! Mir schoss da eher der Gedanke durch den Kopf, ob für einen Reichen das Sterben nicht dadurch noch schwerer wird, dass er seinen wundervollen Besitz zurücklassen muss. Aber ehrlich gesagt, ich würde gerne das Risiko dieser Erschwernis eingehen.

Bei Bäckers Heim hielt sich meine Missgunst in Grenzen. Ich hatte etwas außerhalb von Bernkastel übernachtet, um den Touristenpreisen zu entgehen, war am nächsten Tag die A 5 nach Norden gefahren und hatte eine Ausfahrt zu spät genommen. Deshalb konnte ich mein Ziel nicht direkt ansteuern, sondern musste mich erst durch Kronberg an den Palästen vorbei durch den Ort schlängeln, um schließlich auf der Ausfallstraße nach Frankfurt hinter dem Jaguarhändler, den man mir als Orientierungspunkt genannt hatte, links abbiegen zu können. Das Gebäude war zweistöckig, lang gestreckt, mit einem größeren Wohn- und einem kleineren Geschäftsteil, und fügte sich unauffällig zwischen die Häuser der nachbarlichen Geschäftemacher, die statt einiger Baumaschinen Gartenmöbel en gros, Steinskulpturen oder landwirtschaftliche Erzeugnisse herumstehen hatten. Als einziges Luxussymbol stand bei Bäcker ein Mercedes SL vor der Tür. Um potenzielle Kunden nicht zu verschrecken allerdings auch nicht das neueste Modell.

So wie mein Auftraggeber mir das Volumen der Bäckerschen Geschäftspotenz beschrieben hatte, waren die Gerätschaften wohl eher eine Reminiszenz an die gute, alte Handwerkerzeit als ein repräsentativer Querschnitt seines Maschinenparks. Vielleicht sollten sie möglichen Kunden auch nur Bodenständigkeit und Niedrigpreise vorgaukeln.

Viel mehr konnte ich aus dieser Entfernung von etwa hundert Metern nicht entdecken. Eine halbhohe, seit längerem nicht geschnittene Hecke hinter einem hölzernen Lattenzaun versperrte mir auf die meisten Teile des Hauses die Sicht, und näher konnte ich nicht heran, ohne dabei auf das private Grundstück fahren zu müssen.

Bevor ich versuchte, hinter dem Lenkrad eine Position zu finden, die mir ein längeres Sitzen ohne eingeschlafene Arschbacken erlaubte, hatte ich ein Fernglas aus dem Allzeitbereit-Kofferraum meines alten 323ers genommen und graste damit in Intervallen die Vorderfront ab. Niemand tauchte auf, kein Wagen fuhr vor, und erstaunlicherweise rannte auch kein Bäcker, von dem ich nicht einmal genau wusste, wie er aussah, mit einem Megaphon ums Haus, um lautstark für alle in den Büschen liegenden Detektive zu verkünden, dass er Kutowski bedroht hätte und ihm jetzt den Hals umdrehen würde.

Also tat ich das, was ich die meiste meiner bezahlten Zeit tue, nämlich warten. Wobei ich hier nicht mal eine ungefähre Vorstellung hatte, worauf ich eigentlich wartete. Ich war die Spinne in Lauerstellung, die vergessen hatte, wozu ihr Netz überhaupt gut ist.

Gegen fünf holperte ein Kleinlastwagen auf das Grundstück und verschwand durch das Schiebetor im Betriebsteil des Hauses. Vorher hatte ich noch die Aufschrift lesen können, in Blaurot auf weißem Untergrund:

BB – Bäcker – Baubetrieb.

Es dauerte ein paar Minuten, dann kamen die beiden Insassen wieder zum Vorschein, durchschnittlich aussehende Männer in typischen Arbeitsklamotten, die Fahrräder bis zur Grundstücksgrenze schoben, sich dann auf ihre Drahtesel schwangen und nach einem kurzen Abschiedswinken in entgegengesetzte Richtungen davonfuhren.

Hatte dieses faszinierende Schauspiel mich für Sekunden dazu gebracht, eine aufrechte Sitzhaltung einzunehmen, machte ich es mir jetzt wieder gemütlich, soweit das in diesem Modell möglich war. Ich hatte mir den gebrauchten BMW seinerzeit zugelegt, weil mir ein ungewöhnlich lukrativer Fall eine unerwartet gute Einnahme beschert hatte. Der Rest der Kohle war schnell für eine angemessene Lebensführung und unangemessen teure Frauen durch den Kamin gejagt, und ähnlich tolle Aufträge waren in der Folgezeit so häufig gewesen wie Pickel auf dem Arsch eines Models von Kenzo. Immerhin war der Wagen auch für heutige Verhältnisse noch schnell genug und besaß obendrein als typisches Türkengefährt die Unscheinbarkeit eines rollenden Chamäleons, womit er für meinen Beruf wie geschaffen war.

Es war mein Fehler, mich in diesem Ding für unsichtbar zu halten, und deshalb war es mit meiner Gemütlichkeit auch relativ schnell vorbei.

Die beiden Radler von eben waren nur mal schnell um den Block gerollt, um sich im toten Winkel an meinen Wagen heranschleichen zu können. Ich merkte erst, dass sie da waren, als mich der eine durch die blitzartig aufgerissene Tür auf die Straße zerrte und mir der andere eine dieser kleinen, aber feinen Ganzstahlschaufeln unter die Nase hielt, die schlichte Gemüter noch gelegentlich auf dem Bau zum Speißumrühren benutzen, die aber Burschen mit einer gewissen kriminellen Energie prima zum Schädelspalten verwenden können. Zum Beweis der Vielseitigkeit seines Arbeitsgeräts hackte der Kerl mit einem einzigen Hieb eine fünfzehn Zentimeter lange Spalte in den hölzernen Gartenzaun seines Chefs.

Ich ging ohne Widerrede mit.

Der Mann, der mir die Tür des observierten Hauses offen hielt, zeigte stumm voraus ins Wohnzimmer, und ich dummer Hund trottete ebenso stumm hinein, froh, dass keiner an meinem Stachelhalsband zog oder mir einen mit der Leine überbriet. Er setzte sich auf eine breite Ledercouch, ich auf den dazu passenden Sessel gegenüber, und Castor und Pollux blieben an der Tür stehen.

Er sagte nichts, ich sagte nichts, und die beiden an der Tür kopierten uns perfekt.

Das Spielchen dauerte ein paar Minuten, bis der Typ sich vor Lachen nicht mehr halten konnte. »Okay, ich hab anscheinend zu viele falsche Filme gesehen. Aber wenn sich so eine Situation schon einmal anbietet, dann wollte ich auch mal testen, was es mit der Masche auf sich hat, nur den Mund zu halten und den anderen kommen zu lassen. Okay, klappt wohl wirklich nur im Film. – Trinken Sie auch ein Bier?«

Ich musste ebenfalls lachen. »Und aus welchem Film stammt das?«

Er stellte für uns beide aus einem Barfach im Schrank je eine Flasche auf den Tisch. Die beiden Wachhunde grinsten jetzt ebenfalls, bedienten sich selber und zogen auf seinen Wink ab.

»Aus dem Film *Der Mann mit dem goldenen Glas*. – Prost. – Ich bin Bäcker, wie Sie bestimmt wissen. Aber wer sind Sie, und warum belauern Sie mein Haus? Steckt der verrückte Kutowski dahinter?«

Der verrückte Kutowski. Den Eindruck hatte er mir nun überhaupt nicht gemacht.

Bäcker sah die Zweifel in meinem Gesicht und beeilte sich zu verbessern. »Okay, natürlich nicht verrückt im medizinischen Sinne. Ich meine, hört er wieder mal die Flöhe husten, meint er, dass die ganze Welt ihn arbeitslos machen will? – Aber sagen Sie mir erst mal, sind Sie wieder so ein Detektiv?«

»Ich bin Privatdetektiv, schon richtig. Aber *wieder* so einer?«

»Na ja, immer, wenn ihm ein Furz quer sitzt und nicht alles so läuft, wie er sich das vorstellt, glaubt er an große Intrigen oder sonst was. So war der schon immer.«

»Heißt das, dass Sie sich länger kennen?«

»Klar. Hat er Ihnen das nicht erzählt? Wir haben doch beide fast gleichzeitig beim alten Lechtenbörger angefangen.« Bäcker musste schmunzeln. »Ich war ja auch mal in die Tochter verknallt. Aber Kutowski hat das Rennen gemacht. Zum Glück, kann ich aus heutiger Sicht nur sagen. Die Frau muss ja völlig verdreht sein.«

Während unserer Schweigeminuten vorhin hatte ich die Gelegenheit genutzt, Bäcker näher zu betrachten. Er sah zwar nicht wie ein Bruder von Kutowski aus, weil er die schlankere Statur hatte und etwas größer war, verkörperte aber mit seinen blonden Haaren und dem kantigen Gesicht in etwa die schleswig-holsteinische Ausgabe meines Auftraggebers.

Bäcker holte uns beiden Nachschub. »Aber jetzt erzählen Sie mir mal, warum er Sie auf mich angesetzt hat. Hängt das mit dem neuen Cargo-Center in Hamburg zusammen?«

Wieder nötigte mein verständnisloser Gesichtsausdruck Bäcker eine Erklärung ab. »In Hamburg wird ein Lager- und Verladezentrum gebaut. Das ist eine Größenordnung, dagegen ist das Kutowskische Grand Hotel oder was das da an der Mosel werden soll eine Knickelburg. Die Ausschreibungen laufen zwar noch, aber ich bin auch nicht ganz blöd, ich weiß auch, wie man so was macht. Und der Typ, der letztlich die Entscheidung fällt, ist ein greiser Knacker der alten Schule, der mit neureichen Schicki-Micki-Typen nichts am Hut hat, wenn Sie verstehen, was ich meine. Kutowski kriegt den Auftrag nie, und wenn er sich verpflichtet, den Kasten umsonst zu bauen. – Nur, was will er von mir? Meint er wirklich, er kann mir eine Bestechung nachweisen, wenn er mir einen Schnüffler vor die Tür setzt? – Oh, Entschuldigung für den Schnüffler.«

Ich winkte verständnisvoll ab. Da hatte man mich schon ganz anders tituliert. Drecksack war dabei eine der feineren Klassifizierungen gewesen.

Weil Bäcker jetzt den Mund hielt und mich nur fragend ansah, war es anscheinend nun an mir, die Katze aus dem Sack zu lassen. Meine Romanvorbilder pflegen in solchen Situationen immer eine perfekte Lügenstory aus dem Ärmel zu schütteln, um ja nichts von ihrem wahren Auftrag preisgeben zu müssen. Sie nennen das Moral und kassieren dafür regelmäßig ein paar auf die Fresse, ohne durch das masochistische Getue der Lösung einen Millimeter näher zu kommen.

In der Realität ist es praktikabel, die Karten auf den Tisch zu legen, damit man nicht aneinander vorbeiredet.

Also schilderte ich die Seelenqualen meines Klienten, den die Frühstücksvariante eines überdimensionalen Glückskekses in die Arme eines Privatdetektivs getrieben hatte.

Im Gegensatz zu meiner Erwartung lachte Bäcker am Ende meiner Geschichte nicht. Er wirkte vielmehr ungewohnt ernst, während er den Kopf hin und her wiegte. »Okay, das kann eine verdammt blöde Sache sein. Vor einigen Jahren bekam ich jede Woche mit der Post ein Feuerzeug geschickt, nur so, ohne Kommentar. Dann lag ein Zettel dabei mit der Aufforderung, zweihunderttausend, damals waren es noch D-Mark, in einer Telefonzelle zu deponieren. Schwachsinn, hab ich natürlich gedacht, und nichts getan. Dann brannte auf einmal der Dachstuhl auf einer meiner wichtigsten Baustellen.«

Er sah meine Frage voraus. »Ich weiß bis heute nicht, wer dahintersteckte. Ich hab alle Baustellen rund um die Uhr bewachen lassen, zwei Monate lang. Hat einen Haufen Geld gekostet, aber der Spuk hatte jedenfalls ein Ende. – Möglich, dass bei Kutowski einer eine ähnliche Tour abziehen will.«

Meine nachdenkliche Miene verriet ihm, woran ich gerade dachte. »Diese Geschichte ist über acht Jahre her. Herausgefunden haben wir damals gar nichts. Selbst wenn also auch jetzt derselbe Typ dahinterstecken sollte, Sie werden keinen Honig daraus saugen können. Dafür ist zu viel Zeit vergangen. – Tja, Zeit scheint in unser beider Gewerbe ein wichtiger Faktor zu sein.«

Ein demonstrativer Blick auf seine Uhr machte mir klar wie wichtig. Er erhob sich und hielt mir zum Abschied die Hand hin. »Na, dann viel Glück bei Ihrer Recherche.«

Noch bevor ich sie schütteln konnte, setzte er sich wieder. »Aaach, noch einen kleinen Augenblick. Mir kommt da gerade eine Idee. Könnte ja doch sein, dass wieder derselbe Typ am Werk ist wie damals bei mir. Die Vorgehensweise scheint mir gar nicht so anders zu sein. – Wissen Sie was, ich mach Ihnen einen Vorschlag. Wenn Sie was herausfinden, was für mich interessant sein könnte, geben Sie mir 'ne Nachricht. Es soll Ihr Schaden nicht sein.«

Je länger er den Gedanken wälzte, desto besser schien er ihm zu gefallen. Mit einem Lächeln holte er ein paar Scheine aus dem Portemonnaie und gab sie mir. »Hier, tausend Euro als Anzahlung.«

Als er mein Zögern bemerkte, präzisierte er seinen Wunsch. »Keine Angst. Ich erwarte nicht, dass Sie Kutowski auf Umwegen für mich ausspionieren. Ich will gar nichts wissen, was ihn berührt. Nur Informationen, ob auch ich als Zielscheibe in Frage komme – sowieso auch nur für den Fall, dass an der Sache überhaupt etwas dran ist. Okay?«

Mein Okay bestand im Einstecken des Geldes.

Damit war ich an diesem Nachmittag zum zweiten Mal am Punkt Moral angelangt. Ich weiß, dass sich so was für einen Detektiv alter Ordnung nicht gehört, aber was soll's? Alles wird schlechter, nur eines wird besser: Die Moral wird schlechter.

Wir trennten uns wie langjährige Freunde, die dasselbe Hobby verbindet.

3. Kapitel

Falls jemand meinen sollte, dass bei so viel Korruptheit meinerseits unbedingt noch mal das Thema Moral angeschnitten werden müsste – bitte sehr! Angesichts der Tatsache, dass mich eine Vokabel wie Moral schon allein deswegen ankotzt, weil sie zweihundertprozentig unzeitgemäß ist, sollte man, Raymond Chandler und Dashiell Hammett zum Trotz, Privatdetektiv und Moral nicht in einen Topf werfen und nicht mich und meine Berufskollegen von vornherein als komplette Idioten abstempeln. Auch wir wissen nämlich den Wert des Geldes durchaus zu schätzen. Sience-Fiction-Wörter wie Ehre und dergleichen dürfen demgegenüber gerne in den Hintergrund treten. Das weiß jeder von Haus aus, der Miete zahlen muss und nicht im sozialen Wohnungsbau lebt. Aber auch so ist Moral einfach ein Anachronismus. Sie taugt nicht, um sich einen Platz im Himmel zu erobern, sie taugt nicht einmal, um bloß zu funktionieren. Mit aller Moral der Welt im Kreuz schafft man es zum Beispiel nicht, gegen Konzerne wie Shell anzustinken, die einen politischen Mord nach dem anderen begehen lassen, nur weil sie mehr Geld haben als die Beneluxstaaten zusammen. Und wer mir als dummem Pensionspolypen das nicht glauben will, der kann einfach bei der Witwe von Ken Saro-Wiwa nachfragen.

* * *

Nach so viel selbstkritischen Erwägungen war es Zeit, meinen Klienten ins Bild zu setzen. Also drückte ich auf meinem Handy rum, das ich nolens volens angeschafft hatte, blieb aber zu meiner unrealistisch-geheimen Befriedigung ohne Erfolg. Ein Funkloch, wie man heutzutage weiß. Früher sagte man in einer solchen Situation: »Der Mensch denkt und Gott lenkt.« Und wenn ich an den ganzen seelenlosen Technikzauber der Gegenwart dachte, war mir diese Version immer noch lieber, obwohl ich überzeugter Atheist bin.

Langer Rede kurzer Sinn: Ich beschloss, bei meinem Brötchengeber vorbeizufahren. Dabei war weniger ausschlaggebend, dass ich meine neuen Erkenntnisse so schnell wie möglich an den Mann bringen wollte, als vielmehr die Neugier, ohne die jeder Privatdetektiv nichts weiter ist als Gruppensex ohne Weiber. Ich hatte Kutowski in Person erlebt, jetzt wollte ich wissen, wie er lebte.

Weil ich etwa eine Stunde früher als geplant in Brauneberg ankam und die Fahrt meine Kehle ausgetrocknet hatte, sah ich eine gute Gelegenheit, mich in dieser für mich fremden Welt ein wenig mit den örtlichen Gegebenheiten, insbesondere den örtlichen Getränken, vertraut zu machen. Hier war, wie mir jedes zweite Reklameschild und jede erste Hausbemalung verdeutlicht hatte, Wein unverzichtbar. Also kehrte ich in einem direkt an der Durchgangsstraße gelegenen Lokal mit dem wenig überraschenden Namen *Winzerstübchen* ein und ließ mir vom Wirt, der zugleich auch Winzermeister mit eigenem Weinanbau und Herbergsvater einer angeschlossenen Pension war, die Empfehlungen des Hauses kredenzen. Zwar hatte ich zu Hause im vom Bier regierten Ruhrpott schon gelegentlich an einem Gläschen Rebensaft genippt, doch geschah dies meist im Rahmen irgendwelcher Feiern oder halboffizieller Anlässe. Das heißt, das Zeug war meistens von Aldi und nie richtig temperiert, weshalb es mich nicht dauerhaft vom Pils abwerben konnte. Aber hier, in dieser von Besuchern aus aller Welt geschätzten

Atmosphäre aus Schiefergewölbe, offenem Kamin und sattem Naturholz mit reichlich Schmiedeeisen sah die Sache anders aus. Mein mit in seinem Job unverzichtbarer Menschenkenntnis ausgestatteter Gastgeber hatte nach wenigen Worten meine Geschmackstendenz erkannt und die Sorten Seelenfrieden und Juffer auf den Tisch gestellt.

Nach dem dritten Glas war ich ein echter Fan von Spät- und Auslese geworden, vollmundigen Tropfen, die selbst bei Schmuddelwetter die Sonne aus dem Becher würden funkeln lassen. Das waren andere Kaliber als die Gastroführer-gepriesenen Salatsaucen, die sich die modernen Singlefrauen von Mitte vierzig auf Anordnung ihrer Savoir-Vivre-Hochglanzmagazine runterquälen, selbst wenn es ihnen dabei das Gesicht verbiegt wie einem islamistischen Terroristen, den die Amis in einem Foltercamp mit Schweinefleisch füttern.

Natürlich war mir nicht entgangen, dass ein Alkoholkonsum in dieser Größenordnung mit dem geltenden Straßenverkehrsrecht kaum in Kongruenz zu bringen war, doch in dieser Gegend galt Wein anscheinend als in jeder Situation beanstandungsfreies Grundnahrungsmittel, auf das eventuelle Polizeikontrollen abgestimmt waren. Meine diesbezüglichen Bedenken waren also nicht allzu groß.

Weil ich mit meinem Auftraggeber keinen festen Besuchstermin vereinbart hatte, ließ ich meiner Neugier freien Lauf und mir von meinem ortskundigen Mundschenk den Weg zur Baustelle der Seniorenresidenz beschreiben, dem kriminelle Energien freisetzenden Neidobjekt der Baubranche.

Einfach die Straße dreihundert Meter weiter rauf in Richtung Wintrich und vom *Café Jufferblick* über den Supermarktparkplatz dahinter ein paar Schritte runter zum Fluss. Übersehen würde ich den Kasten bestimmt nicht. Ich ließ den Wagen stehen und erledigte das bisschen zu Fuß.

Vom Blick auf den gegenüberliegenden Weinberg, den das Café versprach, war nicht mehr viel übrig. Zwischen dem Lokal und dem Ufer reckte sich ein achtstöckiges Monstrum zum Himmel, das einem Wettstreit mit dem Turm von Babel in aller Gelassenheit entgegensehen konnte. Diese umweltvernichtende Gigantomanie befand sich zwar erst im Rohbau, doch ließ sich bereits jetzt erahnen, dass ein solcher Dino auch bei allen erdenklichen kosmetischen Nacharbeiten in dieser Lage ein Schandfleck erster Güte bleiben würde. Und noch etwas ließ sich erahnen: Kutowskis Beziehungen zu Bauamt und anderen Behörden mussten ähnlich gigantisch sein, sonst hätte er einen solchen Klotz an dieser Stelle nie genehmigt bekommen. Die Bestechungsgelder würden wahrscheinlich ausreichen, ein Jahr lang mit drei Fotomodellen im Bett zu liegen und das Hazy-Osterwald-Sextett live dazu *Geh'n Sie mit der Konjunktur* spielen zu lassen.

Dabei musste das hier mal ursprünglich Idylle pur gewesen sein. Die von Reben und Obstgärten eingefasste Wiese, auf der ich mich befand, fiel sanft zum blaugrünen Schilfgürtel des Flusses hin ab, auf dessen gegenüberliegendem Ufer sich der Juffer mit seinen hervorragenden Riesling- und Kernerlagen erhob, sauber gerastert mit im Widerschein der Sonne leuchtenden grüngoldenen Parzellen, die von den schwarzschiefrigen Einsprengseln schroffer Felskanten unterbrochen wurden, alles gekrönt von einer Haube aus dichtem Mischwald.

MOSEL ROYAL
DIE Seniorenresidenz
in der schönsten Weingegend Deutschlands,
die SIE sich verdient haben!

Die Reklametafel, die ansonsten noch Details zu den Wohnungen, Telefonnummern und den üblichen Kram enthielt, war von entsprechender Größe und nahm den Anliegern den allerletzten Rest der Aussicht. Vielleicht sollte mein Auftraggeber sich nicht nur darauf beschränken, mögliche Feinde allein unter seinen Konkurrenten zu suchen.

»Soah moal selber, is dat net an Schand? – Odder geheerste och zou dänn Kerlen, die os die Landschaft kapott un sich selver däi Bouxen voll maachen?«

Der Mann, der seinen kleinen Erntetraktor angehalten hatte und von hinten an mich herangetreten war, trug eine Schirmmütze zu einem blauen Arbeitskittel, der bis zu seinen Gummistiefeln hinunterreichte. Sein von der Sonne rotbraun gegerbtes Gesicht bewies, dass er seinem Beruf als Weinbauer bei jedem Wetter nachging. Er war um die sechzig, und wenn man von seinem schneeweißen Kassengebiss Rückschlüsse auf seine Vermögenslage ziehen durfte, hätte er sich im *Mosel Royal* nicht mal eine Einheit von der Größe einer Speisekammer leisten können. Mein stummes Kopfschütteln schien ihm zu genügen und ermunterte ihn zum Weiterreden.

»Äisch hoan dem Tun gleisch gesoadt, dat eäh net verkäfen soll, och wenn die noch so offt versprächn, dat hei weiderhin Müller-Thurgau angebaut gän kann. – Wenn die dat Gelände net so goud zou gemacht hädden ...«, dabei zeigte er auf den metallenen Gitterdrahtzaun mit Natoverhaukrone, hinter dem vier Schäferhunde herumstrichen, »... äisch wedden met dir um en Kist Brauneberger Juffer, dann hätt demm schon längst aner dat Ding platt gemach, äisch schwörn dat. Awer däe ment jo, met Geld gäht alles. Groß Feten lo owen in seiner Villa, alles fier die Zogezogenen und die Naureischen. So Kerlen geheeren hei net hin. – Nur, wat will ma machen?

Wenn aner hei verkäft, dann verkäft e nadierlisch so goad ät gäht. Dann kännt ma kahnen me. Awe dat is jo iewerall so, odder? – Scheenen Daach noch.« Sprach's und tuckerte mit seinem schmalbrüstigen, hochrädrigen Gefährt zwischen den Rebstockreihen davon.

Dialekt und Gedankensprünge waren gewöhnungsbedürftig, aber ich glaubte, ihn verstanden zu haben. Angesichts dieses Frevels konnte ich mir gut vorstellen, dass so mancher hier den Weihnachtsmann auf seinem nächsten Wunschzettel um eine Kiste Dynamit und ein paar Zündkapseln bitten würde. Und möglicherweise würde irgendwer auch gar nicht so lange warten wollen.

* * *

Nach diesem Abstecher hatte ich meinem Auftraggeber mehr denn je eine Neureichen-Protzvilla zugetraut, aber die hatte ich auch bei Bäcker vermutet. Doch diesmal wurde ich nicht enttäuscht. Kutowski wohnte, oder vielmehr residierte, nur zwei Straßen oberhalb des *Winzerstübchens*. Er hatte sein Schloss am Hang neben die Luxusherbergen eines ehemaligen Großgastronomen und eines Wellnessfarm-Betreibers gesetzt, die sich beide dagegen ziemlich mickrig ausnahmen. Um neidischen Göttern nicht zu sehr ins Auge zu stechen, hatte er den Kasten in einem unschuldigen Weiß gehalten.

Meinen Wagen hatte ich am Bordstein abgestellt und war die etwa dreißig Meter zur Haustür gegangen, als sich diese bei meinem Näherkommen öffnete und ein junger Mann heraustrat, dessen Gesicht ich nicht so schnell vergessen würde. Deshalb nicht, weil ich jede Menge Mühe hatte, es mir einzuprägen. Er war meiner Schätzung nach mindestens Anfang zwanzig, aber vom Typ her das ewigen Jüngelchen, das man nicht zu einem Whisky, sondern zum Milchshake einlädt. Seine Gesichtszüge waren so nichts sagend, dass ich mit dem Versuch ihrer Beschreibung jeden Phantombildzeichner in den Irrsinn getrieben hätte. Seine Klamotten verkörperten das derzeit angesagte Outfit der coolen, aber gemäßigten Technoszene. Baseballkappe mit Schirm nach hinten, fünf Nummern zu großes Sweatshirt der Greenbay Packers, und eine Hose mit sechzig Prozent Arsch- und vierzig Prozent Beinlänge, die schon vollgeschissen ausgesehen hatte, als sie noch bei C&A im Regal lag.

Er hörte sich durchaus höflich an, als er sich verabschiedete und mit ausdrucksloser Miene vom Acker machte, verfolgt von den missbilligenden Blicken einer ältlichen Dame, die die Tür bei meinem Herannahen offen hielt, aber mit ihrem Körper versperrte.

»Sind Sie der Privatdetektiv?« Sie wirkte bei dieser Frage ebenso streng wie ihre exakt symmetrischen grauen Locken, deren Schöpfer eher ein Kunstschmied als ein Friseur gewesen sein musste. Die blütenweiße, hoffmannsidealgestärkte Schürze über dem Kleid komplettierte das Bild einer Haushälterin, deren heile Welt heute nur noch in englischen Schwarz-Weiß-Filmen konserviert ist. Irgendwie kam sie mir bekannt vor.

Ich beschränkte mich auf ein Nicken, dem ich nach kurzem Überlegen auch meinen Namen folgen ließ. Wenn sie wusste, welchen Beruf ich hatte, bedeutete das nicht zwingend, dass ihr mehr über mich mitgeteilt worden war.

Mein professionelles Lächeln entlockte ihr keine Regung. Immerhin gab sie jetzt den Durchgang frei. »Die gnädige Frau möchte Sie sprechen.«

Holla, da wurde das Parkett für einen verschuldeten Lohnabhängigen wie mich ganz schön glatt. Hatte nicht mein derzeitiger Geschäftsherr nachdrücklich darauf bestanden, seine Frau unter allen Umständen aus dem Spiel zu lassen?

»Es wird sie weitaus mehr aufregen, wenn Sie eine Unterredung ablehnen. Damit würden Sie ihre Gesundheit viel stärker gefährden, als es Ihr Auftraggeber billigen würde. Und das wollen Sie doch nicht riskieren, oder?« Das kam von ihr ohne Atemholen und ohne die Miene zu verziehen.

Noch mal holla! In was für eine merkwürdige Geschichte war ich da hineingeraten? Der Ehemann will alles vor seiner Frau geheim halten. Die Frau scheint aber längst alles zu wissen. Simples Hauspersonal in einer erstaunlichen Machtposition und, was meine Gedankengänge anbelangte, wahrscheinlich hellseherisch begabt. Ich musste verdammt vorsichtig auftreten, um nicht meine Geldquelle einzustampfen.

Vielleicht hätte ich mich anders entschieden, wenn ich mehr Zeit zum Überlegen gehabt hätte. So aber marschierte ich einfach in Richtung des ausgestreckten Arms, mit dem mich der Zerberus durch eine mit rosa Marmor ausgekleidete Empfangshalle zum rückwärtigen Teil des Hauses kommandierte.

Der alte Lehrmeister Sherlock hat schon Recht, wenn er meint, ohne Fakten solle man nicht versuchen, sich von irgendetwas ein Bild zu machen. Ich weiß nicht, warum ich erwartet hatte, in einen strahlend weißen, medizinisch-antiseptisch sterilen Raum zu kommen, in dem ein ätherisches, blondes Geschöpf vom frischbezogenen Bett aus mit mildem Dauerlächeln über die Fehler des vergangenen Lebens philosophiert. Stattdessen betrat ich den Palast der Winde.

Ich brauchte eine Weile, um meine Augen an das Dämmerlicht zu gewöhnen. Die dicken, dunkelblauen Vorhänge waren reihum zugezogen. Mit Silberfäden darauf gestickte Sonne, Mond und Sterne waren schön anzusehen, als

Leuchtquelle aber ungeeignet. Noch schwerer als die Vorhänge war der Geruchscocktail aus brennenden Duftkerzen, kokelnden Räucherstäbchen und dieser spezifischen Art von Schweiß, wie man sie nur in einem längst überfälligen Bettbezug findet. Die dazugehörige Lagerstatt, eine wüste Anhäufung von Matratzen, Kissen und Decken, befand sich in der Saalmitte auf einem Boden aus orientalischem Mosaik. Die Wände glitzerten in einem dunklen Goldton. Die Deckenmalerei hatte das Vorhangmotiv aufgegriffen, schimmernde Himmelskörper auch hier. In einer Ecke sorgte ein plätschernder Springbrunnen, der einem Kurpark zur Ehre gereicht hätte, für die nötige Kühle. Etliche, fast mannshohe Statuen verschiedener indischer Götter waren in der Gegend verteilt, alle in typischer Pose. Shiwa zertrampelte gerade wieder einen unbotmäßigen Zwergdämon, während Ganesha sich die Seele aus dem Leib tanzte, und Kali freute sich über ihre Totenschädelkette.

Eine in dankenswert minderer Lautstärke auf Sitar und Tabla gespielte fernöstliche Weise wurde von einer Stimme mit ganz leichtem, doch unverkennbarem Ruhrgebietsdialekt übertönt. »Komm'n Sie zu mir, junger Mann?«

Ich sah mich um und entdeckte außer mir niemanden, der dieser Anrede entsprochen hätte. Junger Mann. Sie meinte wahrhaftig mich. Es musste schlimm bestellt sein um ihr Sehvermögen. Aber was will man erwarten, wenn jahrelang Heroin und Schlimmeres die Blutbahnen ins Hirn hochgekrochen waren?

Sie räkelte sich auf dem Bett herum und hielt zwischendurch immer mal wieder den Hintern in die Höhe. Dabei blickte sie über die Schulter zurück und ließ mich einen Blick auf ihre Zungenspitze werfen, die zwischen ihren Zähnen lockte. Ein Angebot, das zwanzig Jahre zu spät kam. Außerdem klappt das mit der Zungenspitze als Köder in der Natur nur bei Geierschildkröten wirklich perfekt – und ich bin kein Fisch. Alles in allem war ihr Gebaren so anturnend wie ein Pariser voller Juckpulver.

Ich blieb an der Tür stehen.

»Nach Ihren Erfahrungen sollten Sie wissen, dass einen Mann in meinem Alter nur noch Geld begeistern kann. Jedenfalls dann, wenn er normal veranlagt ist. Trotzdem danke für Ihre Mühe!«

Sie hatte sich das verständnisvolle Lächeln der sie umgebenden Götter zu eigen gemacht. »Tja, die Zeit, die Zeit.« Während sie sich etwas ungelenk erhob und an mir vorbeirauschte, war sie bemüht, ihren Sari zu glätten und die freie Bauchpartie einzuziehen. Kaum sichtbar war in eine Wand die Tür zu ihrem Kabinett für intime Angelegenheit eingelassen.

»Bin gleich wieder da, muss mir nur mal eben die Nase pudern.«

Na klar, aber mit Sicherheit von innen. Als sie fünf Minuten später wieder erschien, gab mir ein Hauch von weißem Pulver Recht, das noch auf ihrer Oberlippe klebte.

Sie kannte sich mit dem Zeug aus und wirkte jetzt gelöst und normal. Als sie mich mit Handschlag begrüßte und wir uns bekannt machten, hatte ich Muße, sie näher in Augenschein zu nehmen. Sie war nicht mehr blutjung, aber bestimmt nicht hässlich. Beim heiteren Nationalitätenraten wäre sie sicher nicht als die typische Mitteleuropäerin eingestuft worden. Dazu waren ihre Haare zu dunkel und ihre Hinterbacken zu rund.

»Setzen wir uns doch und trinken etwas. Und dann erzählen Sie mir, was meinen Mann so nervös macht, dass er einen Detektiv beauftragt. – Keine Angst, ich rege mich schon nicht auf. Außerdem ist mein Gesundheitszustand viel stabiler, als Manfred es meint.«

Die einzigen Sitzgelegenheiten in ihrem Gemach waren ein paar lederbezogene Kamelhocker, die wir um ein niedriges Tischchen zusammenschoben, auf dem die lautlos eingetretene Haushälterin zwei Tassen mit indischem Tee abstellte und genauso lautlos wieder verschwand.

Kutowski hatte mir nur gesagt, ich solle mit neuen Erkenntnissen immer erst zu ihm kommen. Wieso hatte ich den Schluss daraus gezogen, seine Frau wüsste überhaupt nichts von meiner Beauftragung?

Vielleicht kam mir bis jetzt alles nur deshalb so seltsam vor, weil ich nicht in der Lage war, in die richtige Richtung zu grübeln.

Obwohl ich indischen Tee eklig finde, nahm ich einen Schluck, um sie bei Laune zu halten. Möglich, dass sie den Hintergrund der ganzen Geschichte transluzider machen konnte als ihr Gatte.

Ich überlegte nicht lange und entschloss mich, ihr zu erzählen, was ich wusste. Von den Millionenzetteln hatte sie offensichtlich gehört, sonst wüsste sie nichts von der Beauftragung eines privaten Ermittlers. Und Bäcker hatte mir rein gar nichts verraten, was für sie oder ihren Mann in irgendeiner Form bedrohlich sein konnte. Kutowski würde allenfalls sauer sein können, dass ich seinen Anweisungen nicht buchstabengetreu gefolgt war, aber er würde mir nicht vorwerfen können, Schaden angerichtet zu haben – und außerdem war ich noch nie der Typ, der bloß deshalb den Hut auf der Stange grüßte, weil es Gesetz war.

Also fasste ich in dürren Worten den Sachverhalt zusammen und war damit in wenigen Minuten fertig.

Die einzige Reaktion meiner Zuhörerin bestand in einem leichten Kopfschütteln und den Worten: »Na, das ist vielleicht ein Blödsinn! In einem Brötchen ...«

»Tja, tut mir Leid, dass ich im Moment nicht mehr bieten kann, aber ...«

Nachdem so der Teil abgehakt war, der aus der normalen Welt in diese herübergerettet werden konnte, hatte sie beschlossen, die Rolle der lasziven Tempeltänzerin wieder aufzunehmen, und legte eine Hand auf mein Knie. »Oh, da bin ich mir aber gar nicht sicher, ob das wirklich alles ist, was Sie mir bieten können.«

Während wir beide aufstanden, ich, um zu verschwinden, sie, um unsere Zweisamkeit auf einem gemütlicheren Möbel zu vertiefen, fasste sie mich mit beiden Händen am Arm und versuchte, mich in Richtung Lagerstatt zu ziehen. Ihr Gesichtsausdruck erinnerte mich dabei weniger an die Mona Lisa als an den verrückten Hutmacher aus *Alice im Wunderland*.

Selbst wenn ich das ganze Drumherum nicht so surreal und erschlagend gefunden hätte und grundsätzlich geneigt gewesen wäre, einer momentanen Schwäche nachzugeben, der Gedanke an mein Honorar stärkte meinen Charakter ungemein. Daher bestand mein Beitrag zur indischen Folklore darin, mich ihr geschmeidig wie eine Kobra zu entwinden und mit der Schnelligkeit eines Tigers zu verflüchtigen.

Aber Tiger sind für die heutige turbogetriebene Zeit wohl nicht schnell genug, denn im Flur fing mich das dritte Mitglied der Familie ab.

Ich kann das Alter von Kindern auch nicht annähernd schätzen, weil sie sich einfach zu unterschiedlich entwickeln. Gerade dann, wenn man sie zu früh zu *McDonald's* schleppt. Sie kriegen dann auf diesem Umweg eine Überdosis von

Wachstumshormonen ab und sehen selber bald wie miniaturisierte Mastochsen aus.

Dieser Bursche hier machte aber eher einen vegetarischen Eindruck, blass, zerbrechlich, mit wasserblauen Augen unter einem weißblonden Pony, höchstens ein Meter und fünfzig. Er stellte sich mir so in den Weg, dass ich ihn hätte umrennen müssen, um nach draußen zu kommen.

»Warst du schon mal in Indien?« So wie er mich dabei ansah, schien er die Frage durchaus ernst zu meinen.

Ich zähle mich gerne zu den geistig beweglichen Typen, aber selbst nach meinem aktuellen Besuch im vermutlich einzigen Maharanipalast der Eifel- und Hunsrückregion kam das für mich überraschend.

Bevor ich mit Räuspern genügend Zeit geschunden hatte, machte er ungerührt mit seinem Quiz weiter. »Weißt du, wer die Thugs sind?«

Da half auch kein Räuspern mehr.

Zum Glück gab er gleich selbst die Antwort. »Das sind Räuber, die ihre Opfer mit seidenen Tüchern erdrosseln. Es darf nämlich kein Tropfen Blut auf den Boden fallen. Das will Kali nicht. Daraus würden nur wieder neue Dämonen entstehen.«

Mein total verdutzter Gesichtsausdruck musste für ihn so viel Lob enthalten, dass er mich stummen Fremden bei der Hand nahm und nur sagte: »Komm mit!«

Ich ließ mich widerstandslos abführen.

An dieser Stelle muss ich einflechten, dass sich mein Verhältnis zu Kindern nicht ohne Weiteres in eine einzige Schublade stopfen lässt. Zugegeben, auch an mir gehen die Werbefernsehenspots nicht spurlos vorbei, wenn blondgelockte Model-Muttis in Designerklamotten auf einem irischen Bauernhof ihre noch blonderen, aber glattbehaarten Sprösslinge davon abbringen, auf dem Dorfweiher ein selbst geschnitztes Birkenrindenbötchen schwimmen zu lassen, indem sie ihnen ein mit Fairy-Always-Ultra-Gold beschmiertes Leinsambrötchen aus dem Baldi-Markt unter die Nase halten, doch höchstpersönliche Tanzschulenenttäuschungen haben mich gelehrt, auf dem Gefühlssektor Dichtung und Wahrheit zu unterscheiden. So herzig mich also auch ein Bankert angrinst, um anschließend in einem unbewachten Moment seine Marmeladenbrote in meine Jeans einzuarbeiten, was Kinder anbelangt, hatte mir der Beginn des Produktionsvorgangs schon immer mehr Freude bereitet als das Erzeugnis.

Deshalb folgte ich auch jetzt meinem Wegweiser mit gemischten Gefühlen, selbst wenn ich eingestehen muss, dass mich seine offenkundig grenzenlose Arglosigkeit sehr für ihn einnahm.

»Weißt du, was ein Tokee ist?«

Dabei schleppte er mich einen Gang entlang, und dann linkserüm und rächtserüm, und nach dem Buredaanz und einem langen Irrweg, auf den ich nicht besonders geachtet hatte, hatten wir endlich die Tür zu seinem Zimmer erreicht.

Ich stieß mir den Kopf an den Füßen eines von der Decke hängenden Krüppels, den ich im Durchschlüpfen noch gerade als Trollpuppe identifizieren konnte, und landete dann in seinem Reich. Zugegeben, es war nicht so verwirrend wie der Spielplatz seiner Mutter, aber auf seine Weise doch ganz beeindruckend.

Auf einem kleinen Extratisch standen einige fernöstliche Skulpturen, wie ich sie schon kannte, und die Reste von ein paar Räucherstäbchen glommen vor sich hin. Dieser Sonderabteilung und den vorangegangenen Quizthemen nach zu urteilen, interessierte sich der Sohn in jüngster Zeit verstärkt für das Traumland seiner Mutter. Der Hauptblickfang waren jedoch die Bücherregale, die sich über alle vier Wände hinzogen. Und darin standen sie alle: Lisa Tetzner mit ihren gesammelten Werken, die Gebrüder Grimm, Hans Christian Andersen, Ottfried Preußler und so weiter und so weiter.

Komplettiert wurde diese wahrhaft märchenhafte Märchenbibliothek von perfekt ausgearbeiteten Figuren in Größen von wenigen Zentimetern bis zu knapp einem Meter, die Zwerge, Elfen, Drachen, Feen und so weiter und so weiter darstellten.

In der Erwachsenenabteilung rechterhand war Karl May zu finden in trauter Eintracht mit Jörn Farrow und Groschenheftversionen von Rolf Torrings Abenteuern, die teilweise so alt waren, dass der Ursprungspreis von dreißig Pfennig noch mit einem Handstempel auf vierzig erhöht worden war. Wahrscheinlich in direkter Linie vom Groß- über den Ersatzvater auf den Sohn transferiert.

Ohne Scheiß, ich war beeindruckt.

Dem Herrscher dieses Zauberreichs war meine Bewunderung nicht verborgen geblieben. »Willst du was lesen? Hier, Rolf Torring ist wirklich stark. Axel liest die auch immer.« Ich vermutete, dass Axel dieser bleiche Typ war, den ich am Eingang getroffen hatte.

Der Bursche war so aufgedreht, dass er mir nicht mal seinen Namen sagte und meinen auch nicht wissen wollte.

Bevor ich mir das Heft näher ansehen konnte, das er mir unter die Nase hielt, erschien die Haushälterin und befahl den Jungen zu einem Musikunterricht, für den es »zeitlich schon reichlich knapp« würde, wie sie sich auszudrücken beliebte. Ihre Körpersprache machte dabei sehr beredt darauf aufmerksam, dass auch ich jetzt besser verschwinden sollte, was mir ganz recht war.

Wieder auf der Straße, drehte ich mich noch einmal zum Haus um. Kaum vorstellbar, dass in diesem modernen Gebäude eine Scheinwelt existierte, die den Sechzigerjahre-Mix aus Flower-Power und transzendentalem Meditationsblödsinn konservierte. Und doch – dieser Trip in die bessere Vergangenheit war auch auf mich nicht ohne Wirkung geblieben. Ich hielt den Ton zwar nicht annähernd so gut wie die *5th Dimension*, aber ich pfiff noch einen halben Tag lang *The Age of Aquarius* vor mich hin und fühlte mich kurioserweise gut dabei.

* * *

Abends war die von Kutowski-Honorar und Bäckerscher Zuzahlung ausgelöste Euphorie verflogen, weil meine Gedanken an die Indiskretion Kutowskis Frau gegenüber alle anderen Überlegungen verdrängt hatten. Ich Idiot hatte mich von einem eingespielten Team aus Haushälterin und -herrin überrumpeln lassen und prompt die Schweigevereinbarung mit dem Mann ignoriert, der für die nächsten Wochen meinen bescheidenen Wohlstand garantieren sollte.

Verdammter Mist, wie sollte ich das wieder geradebiegen?

Mir kam in meiner Not nur ein schriftlicher Bericht in den Sinn. Schön umfangreich und nichts sagend wie der Rapport eines verschuldeten Stadtkämmerers, der zu rechtfertigen versucht, warum er aus tausend guten Gründen etwas gemacht hat, was man schon aus einem einzigen schlechten nie hätte tun dürfen. So was wirkt seriös und gaukelt intensive, ausgewogene Beschäftigung mit der Materie vor. Und eventuell konnte ich Kutowski meine Unterredung mit seiner Frau noch als ermittlungstaktisch unerlässliche Maßnahme unterjubeln.

Ich schrieb den Quatsch dann doch nicht. Letztlich, weil ich ihn selber zu albern fand.

Stattdessen rief ich mit wenig Hoffnung auf Erfolg Kutowski in seinem Büro an und war nicht wenig erstaunt, dass ich ihn sofort an der Leitung hatte.

Bevor ich mit meinem Versuch, ihm das Unerklärliche zu erklären, richtig angefangen hatte, fiel er mir ins Wort. »Gut, dass ich Sie endlich erwische. Über Ihr Handy habe ich keine Verbindung gekriegt. Das mit meiner Frau weiß ich, ich habe mit ihr schon gesprochen. Das war ganz richtig von Ihnen, ihr alles zu sagen. In dieser Situation konnten Sie gar nicht anders, das hätte sie nur komplett nervös gemacht. Alles ganz gut so, sie schien mir sogar sehr beruhigt. – Nein, es geht um ganz etwas anderes. Ein neuer Erpressungszettel. – Ich muss Sie sofort sehen.«

Ich betete, dass er mir mein Aufatmen nicht anmerkte, und sprang mit Vergnügen auf sein Thema an. Ich war so erleichtert, dass ich mir sogar einen Scherz gestatten wollte. »Wieder in einem Brötchen?«

»Nein, diesmal in einer Bierflasche.«

4. Kapitel

Das Treffen mit Kutowski hatte noch am selben Abend vor drei Tagen stattgefunden. Weil das ohnehin auf seinem Weg zur Hauptniederlassung in Essen lag, hatten wir uns in meinem Büro in Bochum zusammengesetzt. Der große Vorteil dieser drei Zimmer im ersten Stock – meine Privatwohnung lag im zweiten – eines typisch schmucklosen Ruhrgebietsnachkriegshauses auf der Wattenscheider Straße war außer einem Stellplatz auf dem Hof und der nahen Auffahrt zur A 40 der CD-Laden gegenüber, in dem ich mich, wenn meine finanzielle Situation es mal erlaubte, mit Irish Folk eindecken konnte. – Das Aufzählen der Nachteile würde zu viel Zeit kosten.

Um meinen Laden trotz seiner eher jämmerlichen Lage einigermaßen seriös wirken zu lassen, hatte ich neben der Durchfahrt ein dezentes Messingschild anbringen lassen. Erst war mir dazu eine lateinisch angehauchte Variante in den Sinn gekommen. *Examination – Observation.* Als drittes hätte dann aber *Exekution* dahin gehört, und da wollte ich doch lieber keine falschen Hoffnungen wecken. Also blieb es letztlich bei *Kurt Gregorius – Überprüfung – Beobachtung – Erledigung*. Das war Verheißung genug.

Kutowski war wieder überpünktlich und wartete bereits vor der Haustür auf mich. Weil er, wie ich noch gut in Erinnerung hatte, kein Mensch war, der die Büroatmosphäre liebte, hockten wir uns auf ein Bier in die Kneipe im Nachbarhaus. Nach ein paar einleitenden Floskeln, die sich Geschäftsmänner in seiner Position wohl nie verkneifen können, hatte er mir die neue Bierflaschengeschichte erzählt, die ich in der alten Brötchenversion schon kannte. Die wesentliche Abweichung bestand darin, dass sich der Zettel diesmal zusammengerollt in einer leeren Bierflasche befand, die man ihm auf die Treppe vor der Haustür gestellt hatte. Seine wahrscheinlich durch Miss-Marple-Krimis gewitzigte Haushälterin hatte, um keine Fingerabdrücke zu zerstören, die Flasche mit einem durch die Öffnung gesteckten Finger hochgehoben und sich damit den diesjährigen Amateurdetektivpokal gesichert. Leider waren gar keine Fingerabdrücke vorhanden. Und selbst wenn, hätten wir die Pulle eher einem Buddelschiffmacher als der Polizei überlassen können, weil wir nicht einmal den Ansatz für einen begründeten Verdacht hatten, dass überhaupt eine Straftat in Planung war.

Diesen Ansatz liefert dann Kutowski, der einen neuen Verdächtigen hervorzauberte, der, wie sein nunmehr ausgeschiedener Vorgänger Bäcker, wieder durch seinen Namen zum Täter prädestiniert war: Klaus Wilhelm Brauer. Ohne die Branche nach Außen-, Innen-, Hoch- und Tiefbau auseinander dividieren zu wollen, für einen Heimwerker mit Mörtelallergie wie mich ebenfalls das, was man einen Baulöwen nannte. Und also wieder ein guter Grund, mich zeit- und entsprechend kostenintensiv um ihn zu kümmern.

Das auf der Hand liegende Gegenargument, bei Bäcker hätte ja auch der Name gepasst, und dieser honorige Herr wäre bekanntlich trotzdem aus dem Kandidatenkreis ausgeschieden, behielt ich für mich, damit Kutowski mein zukünftiges Honorar nicht für sich behielt. Der Wunsch meines Klienten war die Überprüfung von Brauer, und so sollte es geschehen, Gott sei's gedankt.

* * *

In diesen Kreisen war viel Geld unterwegs, verdammt viel Geld. Diese Burschen waren so reich, dass selbst die Träume eines Otto-Normalverbrauchers immer einen Schritt zu spät kamen. Aber war es wirklich angenehm, ein Typ zu sein, von dessen Hals Dinge herunterbaumelten wie eine Cartier-Goldkette, ein staatliches Verdienstkreuz oder ein Doppelkinn in dreifacher Ausfertigung?

Einem armen Schlucker wie mir mit nur der Standardausführung einer Kehlwamme wird vermutlich eine jeden Durchschnittsverdiener beruhigende Antwort einfallen. Bloß mich selbst würde sie nicht befriedigen; denn ich liebe den Mammon.

Aber ich musste mich damit bescheiden, mir von einer Sekretärin einen so miesen Kaffee servieren zu lassen, dass allein seine Akzeptanz schon ein Einverständnis mit meiner Demütigung darstellte, und konnte auch noch froh sein, dass ich nach einer Stunde, siebenundzwanzig Minuten und vier Sekunden Wartezeit endlich vorgelassen wurde.

Brauer leitete sein Imperium von Koblenz aus, wo er in Bahnhofsnähe die oberen vier Etagen eines siebenstöckigen Bürohauses okkupiert hatte. Also fuhr ich die Strecke runter, die Kutowski zu mir raufgekommen war.

Als ich nun Brauers Allerheiligstes betreten durfte, ergänzte ich mein Wissen über ihn um die Erkenntnis, dass er kein Kämpfer für die Erhaltung des Regenwaldes war. Palisander, wohin ich auch schaute.

»Guten Tag, mein Herr!« Ich grinste dabei das blödeste Grinsen, zu dem ich fähig war. Obendrein wedelte ich mit den Armen wie ein Fluglotse, der eine Crashlandung ohne Überlebende zustande bringen will. Burschikos wollte ich sein, weil meine Vorabinformationen Brauer als einen Mann herauskristallisiert hatten, der so konventionell war, dass er es nie verkraften würde, die Brieftaube durch den Fernsprecher ersetzt zu sehen. Also Schocktherapie.

Er sah nicht einmal auf.

Dafür ließ er mich mit meinem Grimassieren und der Aerobic weitermachen, bis nach fünf Minuten meine Arme schlapp herunterhingen und sich so meinen Mundwinkeln synchron angepasst hatten.

»Nett, Sie kennen zu lernen. – Sie geben anscheinend alles für Ihre Klienten, oder nicht?« Zumindest hatte er jetzt die Akte beiseite geschoben und den Blick auf mich gerichtet.

Ich japste so ungekünstelt nach Luft, dass sich ein leises Lächeln auf seinem Gesicht breit machte. »Na, na, diesen Landeanflug auf einen Herzinfarkt meinen Sie doch nicht ernst, oder? Sie würden mir ja vor dem Eintreffen des Notarztes nicht mal Ihr Anliegen vortragen können, hab ich Recht?«

Brauer war ein Mann, der in seinem ganzen Leben nie auch nur einen einzigen Backstein angefasst, geschweige denn ihn eine Leiter in den sechsten Stock hochgetragen hatte. Das hätte er auch beim besten Willen nicht gekonnt, denn mit einer Feingliedrigkeit, um die ihn jede Frau beneiden musste, und einer Körpergröße von geschätzt maximal einsfünfundsechzig war das schwerste Stück, mit dem er hantieren konnte, der kleine Achatbriefbeschwerer auf seinem Schreibtisch.

Die aufgestützten Hände unter dem Kinn verschränkt, hatte er seinen Spaß an mir entdeckt und sah mich belustigt an.

So seziert zu werden ist eine unwürdige Situation für einen Privatdetektiv, der auf seine Reputation hält. Es war hohe Zeit, das Heft selbst in die Hand zu nehmen und die Attitüde des Alleswissers hervorzukehren. Also legte ich los. »Sie heißen ...«

Er gab mir nicht die kleinste Chance, mein umfassendes Minimalwissen über ihn loszuwerden, so profund, dass es sich ein Analphabet aus einem Telefonbuch verschaffen konnte. Stattdessen unterbrach er mich: »*Sie* heißen Kurt Gregorius, *Sie* sind am ...«

Und so weiter und so weiter. Er betete mir meinen Werdegang vor und konfrontierte mich mit Details aus meinem intimsten Leben, die ich zum Teil lieber vergessen hätte, zum allergrößten Teil aber gar nicht mehr in Erinnerung hatte. Als er nach drei Minuten fertig war, wusste ich, dass mir gegenüber ein Mann saß, der über mich mehr wusste, als ich je über mich lernen würde.

Er gab mir Zeit genug, meine Depression ausufern zu lassen. Dann zeigte er seine menschliche Seite. »Also, verdammt noch mal, erzählen Sie mir einfach, was Kutowski auf dem Herzen hat. – Und schauen Sie mich jetzt um Himmels willen nicht an wie ein Kalb mit zwei Köpfen! Dass Kutowski so einen Ex-Polypen wie Sie losgejagt hat, pfeifen mittlerweile die Ratten aus dem Gully. Ist doch klar, dass ich mich da rechtzeitig informiere.«

Zumindest sprach der feine Herr im Dreiteiler jetzt eine Sprache, die ich verstand. Ich nahm dies als vorsichtiges Anzeichen von Seelenverwandtschaft und setzte mich unaufgefordert in einen der riesigen Ledersessel, die die Dimension einer aufgeklappten Schlafcouch hatten. Fünf von den Dingern hatte ich gezählt, außerdem gab es zwei Schreibtische, etliche Stehlampen und jede Menge dieser Beistelltischchen, die gerade genug Schnapsflaschen aufnehmen können, um einem hart arbeitenden Quartalssäufer Wege von mehr als einem Schritt zu ersparen. Trotzdem wirkte sein Ein-Personen-Großraumbüro spärlich möbliert.

»Trinken Sie einen mit mir und finden Sie sich damit ab, dass Sie nicht der einzige Privatdetektiv in Deutschland sind. Als ich merkte, dass Kutowski anfing durchzudrehen, hab ich selber Erkundigungen einziehen lassen.«

Brauer wusste womöglich von der Brötchenerpressung und hatte sogar schon von der bedeutungsvollen leeren Zettelflasche gehört? Das verblüffte mich gewaltig.

»Sie wissen, dass Kutowski ...«

»... meint, dass ich ihm in die Quere kommen will? Dieser Blödmann glaubt, dass er jeden Baubetrieb in diesem unserem Lande schlucken und als Monopolist Kartellgesetze dadurch umgehen kann, dass es nach seiner Logik zwischen scheinbaren Konkurrenten jedenfalls dann keine Preisabsprachen geben kann, wenn es schon gar keine Konkurrenten mehr gibt. Er kapiert nicht, dass dann die Aufträge ins Ausland ...«

Ich kaschierte mein »erpresst wird?« im letzten Moment mit einem filmreifen Hüsteln und starrte den unschuldigen Cognac in meiner Hand als Verursacher an.

»... wandern und hier gar keiner mehr was davon hat. Dieser Paranoiker sollte sich langsam mal einen vernünftigen Wirtschaftsfachmann als Berater zulegen. Und er sollte den Markt beobachten, ohne gleich in jedem einen Konkurrenten zu wittern, der in einem Baumarkt einen Sack Zement gekauft hat. Ich zum Beispiel bin bereits seit Wochen mit einer Umstrukturierung meiner Firma beschäftigt. Vielleicht noch drei Monate, und alles ist auf die Errichtung von Fertighäusern umgestellt. Ich kann einen großen Teil des Maschinenparks verkaufen und auf circa sechzig Prozent der Arbeiter verzichten. Das heißt unter dem Strich, dass ich bei einem Rückgang meines Bauvolumens von etwa einem Drittel immer noch einen befriedigenden Gewinn einstreichen werde. Der für Kutowski relevante Aspekt ist dabei, dass es zwischen unseren Firmen überhaupt keine Berührungspunkte mehr gibt. Das hätte dieser Trottel doch merken müssen! – Sie im Übrigen auch, würden Sie Ihren Job ernst nehmen. Aber wahrscheinlich bekommt jeder Auftraggeber den Detektiv, den er verdient. – Meinen Ermittlern wäre so was jedenfalls nicht passiert.«

Nachdem er mich so verklausuliert ein Arschloch geschimpft hatte, winkte er mich mit einer knappen Handbewegung aus seinem Thronsaal, den Blick schon wieder in die Akte gerichtet.

Als ich den langen Marsch von meinem Platz bis zur Tür geschafft hatte, konnte ich mir eine letzte Frage nicht verkneifen, auch wenn sie nicht so gut wie von Columbo war. »Wie machen Sie das eigentlich, wenn Sie mal Durchfall haben? Haben Sie ein Moped in Ihrem Schreibtisch versteckt?«

Er sah auch jetzt wieder nicht auf und gab mir auf seine subtile Art zu verstehen, dass er mich endgültig für noch dämlicher als Kutowski hielt. Wer wollte es ihm verdenken?

* * *

Dergestalt der Notwendigkeit enthoben, mich weiter mit Brauer beschäftigen zu müssen, traf ich mich zwei Tage später in meinem Büro mit Kutowski zur Berichterstattung. Der geringschätzige Blick, mit dem er meine Einrichtung musterte, konnte mich nicht sonderlich berühren – nach der Art und Weise, wie Brauer mich bereits niedergemacht hatte.

Als ich fertig war, führte Kutowski ein paar Telefonate und war danach offensichtlich überzeugt, dass Brauer mir über die geplante Firmenentwicklung die Wahrheit gesagt hatte und damit als Konkurrent meines Klienten in Zukunft ausschied. Kein Konkurrent, also auch kein Grund für eine Erpressung.

Dass dieses Ergebnis trotzdem nicht befriedigte, war offensichtlich; denn jetzt fehlte uns wieder ein Anhaltspunkt, und die Sache war und blieb mysteriös. Die einzig erfreuliche Zwischenbilanz bestand in einem Scheck, den mir mein Auftraggeber beim Abschied in die Hand drückte.

Für die Bank war es zu spät. Deshalb packte ich den Scheck in meinen Tresor, ein antikes Stück, das jeder Schränker mit einer Nagelfeile aufmachen kann und das mehr dazu dient, meiner neugierigen Putzfrau die Grenzen aufzuzeigen. Ich war gerade im Begriff, meine Denkerbude mit einem Pub zu vertauschen, der vor einer Woche die Straße runter eröffnet hatte, als das Telefon klingelte.

Die Stimme, die sich meldete, war eindeutig männlich, ließ aber keine Rückschlüsse auf das Alter des Anrufers zu. »Hier ist Lechtenbörger. Könnten Sie bei mir vorbeikommen?«

Den damaligen Auftrag hatten wir beide in guter Erinnerung, sodass er sich lange Erklärungen und ich mir überflüssige Fragen ersparen konnte. Wir einigten uns auf den nächsten Nachmittag.

6. Kapitel

Der Alte hatte sich, als es ihn an die Mosel zog, in Veldenz niedergelassen, einem Ort, von dem ich bis dato noch nie etwas gehört hatte. Weil er sich aber kurz hinter Brauneberg befindet, gab mir die Strecke keine Rätsel auf. Außerdem bin ich ja Detektiv.

Im Hinblick auf die mit ihrem garantierten Megastau zum Wahnsinn treibende Dauerbaustelle bei Remscheid und das übliche Chaos im Kölner Raum hatte ich die A 1 gemieden und mich für die A 40 entschieden. Der Umweg hatte sich gelohnt, ich war zügig durchgekommen. Einer spontanen Eingebung folgend machte ich auf ein Glas Station im *Winzerstübchen* und ließ mir dort vorsichtshalber den restlichen kurzen Weg beschreiben. Also erst in das Nachbardorf Mülheim, und dann auf der weit geschwungenen Landstraße in Richtung Süden zwischen Weiden und rebenbestandenen Hügeln nach Veldenz, dessen Bebauung nach jedem passierten Haus so konsequent näher zusammenzurücken schien, dass ich mich nicht gewundert hätte, am Ende auf einer Einbahnstraße ohne Wendemöglichkeit in die Moselaner Version des *Titty Twister* gelockt zu werden.

Irgendwie ging es aber nach dem letzten Gebäude dann doch noch weiter, wenn auch nur auf einem geteerten Pfad, der den geneigten Touristen zu etwas führen sollte, das Rittersturz genannt wurde. Dort sollte sich, so hatte mir mein freundlicher Wirt erklärt, anno dunnemals ein verliebter und verschmähter Adeliger von der schroffen Klippe zu Tode gestürzt haben. Mit einigem Kopfverrenken konnte ich rechter Hand die kaminartige Felsformation über mir aufragen sehen, während ein Wegweiser nach links zu einem Lokal gleichen Namens wies, das mir als Anhaltspunkt für meinen Weg genannt worden war. Dran vorbei standen am Fuße eines Hügels eine Handvoll Häuser, von denen das entlegenste Lechtenbörger gehören sollte.

Ich hatte keine Mühe, direkt vor dem Garten zu parken, der die fünfzig Quadratmeter Grundstück vor dem Eingang einnahm. Die Haustür verfügte über keine Klingel, war aber nicht abgeschlossen.

Für einen der ehemals Größten im Baugeschäft war das Haus winzig. Nicht mal ein Schnüffler wie ich konnte sich darin verlaufen. Zwanzig Sekunden später hatte ich den Patriarchen entdeckt.

Lechtenbörger war eine Ecke über achtzig, bemühte sich aber immer noch um den aufrechten Gang. Der Krückmann mit der parkettschonenden Gummizwinge war für ihn mehr Marschallstab als Gehhilfe. Ich gerate jedes Mal ins Staunen, wenn ich Leuten wie ihm begegne, obwohl sie seit Johannes Heesters und Luis Trenker gar nicht so selten sein sollen.

Er war auch noch 'ne Ecke größer als ich, trotz der altersverkrümmten Wirbelsäule, und ich bin kein Zwerg. Irgendwie erinnerte er mich an einen gütigen Boris Karloff, wie er in *The Mummy* seiner verlorenen Liebe nachtrauerte, nur mit etwas weniger Haaren. Dieser Eindruck verstärkte sich, als er ohne Umschweife zu seinem Anliegen kam.

Er stand mit dem Rücken zu mir vor seinem kalten Kamin. Natürlich hatte er mitgekriegt, dass ich eingetreten war. Trotzdem veränderte er seine Position nicht. Ich war nur ein subalterner Scheißer, den man heuert und feuert, wie es einem beliebt, und selbst das überlässt man noch seinen Gehilfen.

»Was geschieht da in meinem Haus?«

Zumindest hatte er den Satz nicht mit »du Wanze« abgeschlossen.

So ermutigt, zog ich mich auf eine Position überlegen-subtiler Geisteshaltung zurück. »Guten Abend.«

Er drehte sich nicht um. »Ich will einfach nur wissen, was in meinem Hause passiert.«

Das *einfach* klang dabei sehr gereizt. Wenn schon, denn schon. Ich hatte mich so weit aus dem Fenster gelehnt, dass ich meiner Selbstachtung keinen noch so kleinen Rückzieher gestatten würde. »Guten Abend.«

Er dreht sich endlich um. »Danke, schon kapiert. Guten Abend, verdammt noch mal. – Und was ist jetzt mit meinem Enkel, haben Sie ihn gesehen?«

Ich guckte vorsichtshalber noch einmal an mir herunter, bevor ich mich zu einer despektierlichen Antwort hinreißen ließ. Kein weißer Stock. Keine gelbe Binde mit drei Punkten. Kein naseweiser Blindenhund, der vorwitzig hinausgebellt hatte, dass ich es mit der privatdetektivischen Beobachtung nicht so genau nahm. Kurz, ich entdeckte an mir kein Indiz für das Vorliegen einer Sehschwäche, die ausgerechnet bei mir ausgeprägter gewesen wäre als bei irgendeinem meiner durchschnittlichen Alters- und Geschlechtsgenossen.

Er bemerkte meine Blickrichtung und präzisierte: »Hatten Sie die Gelegenheit, sich mit meinem Enkel unterhalten zu können?«

Dieser hypernervöse Bankert war anscheinend wirklich seine Schwachstelle. Ich hätte mich weiterhin dumm stellen und noch einmal »Guten Abend« sagen können, aber das hätte mit Sicherheit keinem von uns weitergeholfen. Außerdem kapierte ich die Konstellation nicht, will sagen oder vielmehr fragen, warum ging Kutowski einer Spur nach, die selbst in seinen Augen vielleicht keine war, und warum kam der Big Boss im Hintergrund sofort auf seinen Enkel zu sprechen?

Auf den Punkt gebracht: schwierig, schwierig. Im Roman tut ein Privatdetektiv in einer solchen Situation immer so, als wüsste er schon alles und bräuchte das Gerede der anderen Mitwirkenden nur zur Bestätigung seiner sowieso richtigen Einschätzung der Lage. Im grauen Alltag stellt der dumme Ermittler lieber mal ein paar Fragen.

Ich fing mit folgender an: »Was veranlasst Sie zu glauben, dass es um Ihren Enkel geht?« Nicht schlecht, oder? Selbst im Nachhinein bin ich immer noch stolz auf diese gelungene Formulierung.

Die Antwort war allerdings einigermaßen ernüchternd, wenn er mir auch inzwischen zu meinem Wohlgefallen einen Platz angeboten und mir seine ungeteilte Aufmerksamkeit gewidmet hatte. »Es deutet nichts auf meinen Enkel hin. Aber er ist von allen Familienmitgliedern der einzige Mensch, der mir wirklich am Herzen liegt.«

Mit einem Zusammenkneifen seiner Augen und einem kaum wahrnehmbaren Kopfschütteln verhinderte er meine Zwischenfragen. »Selbstverständlich liebe ich meine Tochter, aber die hat ihre Entscheidung schon vor langer Zeit getroffen. Ich habe alles versucht, sie von dem Weg abzubringen, den sie für den richtigen hält, und noch einiges mehr, das können Sie mir bei Gott glauben. Aber die Sache ist gelaufen, Schwamm drüber. – Mein Schwiegersohn ist ein Parvenü, erfolgsorientiert, zielstrebig, für viele möglicherweise ein Kotzbrocken, für meine Firma genau der Richtige. Ich liebe ihn nicht, aber ich bin froh, dass es ihn gibt. Besonders froh, dass es ihn als den Mann meiner Tochter gibt. Am meisten, dass es ihn als meinen geschäftlichen Nachfolger gibt. – Trinken Sie übrigens etwas?«

Ich hatte befürchtet, er würde nie fragen. Bis das Bier und der Moseltrester kamen, schwiegen wir beide.

»Prost – und passen Sie auf meinen Enkel auf!«

»Prost – und erklären Sie mir das bitte!«

Bis zu meiner Aufforderung hatte er sein Pinnchen halbvoll auf dem Tisch abstellen wollen. Jetzt trank er es ganz aus und goss sich selber nach, bevor er antwortete. »Das ist doch gerade der Fluch, ich kann es nicht. Ich weiß doch zum Teufel noch mal nicht, was da vorgeht. Ich weiß nur, dass sich da etwas zusammenbraut, das schrecklich werden kann. Man kann über meinen Schwiegersohn denken, wie man will, aber dumm ist der nicht, der hört das Gras wachsen. Der hat wirklich einen unheimlichen Riecher für alles Mögliche. Kann sein, dass genau das das Geheimnis seines Erfolges ist. Ich habe keine Ahnung. Aber der Mann ist nicht zu unterschätzen. Wenn der meint, dass da was im Busch ist, dann ist da auch was. Und mir ist verdammt egal, wie sich das auf Firma, Familie oder sonst was auswirkt, aber nicht auf meinen Enkel!«

Er griff wieder zu seinem Glas, als die Tür zur Küche aufging und zu meiner nicht geringen Verblüffung Kutowskis Haushälterin das Zimmer betrat, die sich große Mühe gab, meine Anwesenheit zu ignorieren. »Wenn Sie sonst nichts mehr brauchen, Herr Lechtenbörger, dann kann ich ja jetzt ...«

»Ist alles in Ordnung, Dorothea, und vielen Dank.«

Sie zog mit einem knappen »Bis morgen« ab und ließ mich mit dem Wissen zurück, Lechtenbörgers Quelle seines Wissens über die Vorgänge im Haus seines Schwiegersohns entdeckt zu haben.

Aber nun wurde es hohe Zeit, eine kluge Frage zu stellen, wenn man als Schlaumeier im Geschäft bleiben wollte. »Gibt es denn etwas, das Sie veranlassen könnte anzunehmen, dass ...«

»Ach, gar nichts, verdammt noch mal.« Er schüttelte sich dabei so heftig, wie es andere Leute in seinem Alter nicht ohne gehörige Hilfe des Herrn Parkinson zustande bringen. »Aber wenn mein Schwiegersohn meint, dass etwas passiert, dann passiert auch etwas. Und ich möchte nur nicht, dass es zu Lasten meines Enkels geht.«

»Aber warum sollte es denn ausgerechnet gegen Ihren En...«

Er stand plötzlich so unerschütterlich da, dass er eine deutsche Eiche neidisch gemacht hätte. Die Lautstärke passte überhaupt nicht zu seinem unbewegten Gesicht. »Das weiß ich doch eben nicht, verdammt! Aber es darf von allen denkbaren Möglichkeiten eben einfach nicht passieren, aus, fertig, basta! – Da geht was vor in meinem Haus, Ihre Hinzuziehung ist dafür der beste Beweis. Was das ist, interessiert mich nicht. Ich hab mein Leben gelebt, verdammt. Aber wehe, meinem Enkel geschieht etwas!«

Das war im Wesentlichen auch die Verabschiedung gewesen. Nicht besonders freundlich, aber dafür begleitete er mich noch bis zu meinem Auto. Als wir uns nebeneinander über den schmalen Plattenweg zwängten und sein Stock in exakt gleichen Abständen kreisrunde Eindrücke in der Gartenerde daneben hinterließ, steckte er mir mit seiner freien Hand einen Umschlag in die Jacke.

Im Wagen konstatierte ich, dass da als kleiner Seelentröster ein ansehnlicher Scheck in meiner Jackentasche knisterte, bloß dafür, dass ich den alten Mann über etwaige Vorkommnisse auf dem Laufenden hielt, die seinen Enkel betrafen. Schon mein dritter zahlender Kunde in ein- und demselben Fall. Ich vermute, es ist jedermann recht, wenn ich an dieser Stelle das Thema Moral nicht noch einmal anschneide.

Damit war der einzige verbliebene Ansatzpunkt auf meiner Spur ins Nichts der Enkel, gegen den sich etwas zusammenbrauen könnte. Also eine gute Gelegenheit, mich für Kutowskis Geld ein bisschen mit Sohnemanns Freund Axel zu befassen.

* * *

Ich hatte Lechtenbörger angerufen und ihn, nachdem ich ihn ein wenig über seine Bedienstete ausgequetscht hatte, gebeten, die widerspenstige Dorothea für mich ein wenig in die Mangel zu nehmen. Die hatte früher für den Alten als Sekretärin gearbeitet. Weil sie den Alten vergötterte, war sie auf seinen Wunsch für maximal drei Tage die Woche Hausdame mit variabler Arbeitszeit bei Kutowskis geworden, um die angeschlagene Tochter ihres Idols und den Enkel ein bisschen unter Beobachtung zu halten. So wie sie den Firmengründer angesehen hatte, war ich mir sicher, dass sie ihre Aufgabe mit Hingabe erfüllte, was mir im Grunde egal sein konnte. Wichtig war, dass sie die Adresse von Axel wusste. Dass der, wenn er sich um den Kronprinzen der Baudynastie kümmerte, in Kutowskis Villa in einem der drei Gästezimmer wohnte, wusste ich. Ich wollte aber seine heimatliche Wohnhöhle begutachten.

Der bleiche Schmalhans mit dem nichts sagenden Gesicht wohnte in Essen, was mich nicht wunderte, denn schließlich hatte Lechtenbörgers Baufirma, wie ich noch von früher wusste, dort ihren Hauptsitz. Das Verwaltungsgebäude lag in der Innenstadt im Bankenviertel, aber das Baustofflager für Nordrhein-Westfalen und ein großer Teil des Fahrzeug- und Maschinenparks waren in der Essener Hafengegend angesiedelt. Weil sich jeder einigermaßen vernünftige

Mensch jeden überflüssigen Weg zur Arbeit erspart, war es nur wahrscheinlich, dass er sich auch eine Bleibe in der Nähe gesucht hatte. Die Straße hieß Im Stollen und war eine winzige Sackgasse, die von der Hafenstraße abging, auf der ich endlos lang an hohen Metallzäunen entlanggegurkt war, hinter denen sich schmucklose Hallenbauten mit vorangestellter Büroabteilung, die in den frühen Sechzigern vielleicht mal futuristisch gewirkt hatten, aufreihten.

Im Stollen war dagegen wie eine Zeitreise über hundert Jahre rückwärts. Ein anderthalbstöckiges Backsteinhäuschen wie das andere in der Art, wie man sie heute bei uns unter Denkmalschutz stellt. Die typische Zechenhaussiedlung aus der Ära, als der erste eingewanderte Neandertaler herausgefunden hatte, dass manche schwarzen Steine brennen können. Ein paar modernistische Bewohner hatten hier und da versucht, den Einheitslook mit etwas helleren Ziegeln aufzupeppen, und einige wahre Erneuerer hatten den Fensteröffnungen ihrer Wohnhöhlen im Zeitalter von Computer und Internet sogar eine Doppelverglasung spendiert.

Bei meinem Axel musste es sich dagegen um einen echten Traditionalisten handeln. Alles war mit einer Patina aus fettem, schwarzem Schmier überzogen, der im Ruhrpott jedes Gebäude eingekleidet hatte, als sich die Konzernbosse noch das Geld für Rußfilter sparen durften. Auch sonst hatte der Bursche gekonnt vermieden, irgendwelche Veränderungen vorzunehmen, die den perfekt konservierten Stil seiner Gründerzeitvilla unterbrechen konnten. Sogar die Gardinen ähnelten dem Bühnenvorhang der Augsburger Puppenkiste und waren nicht mehr gewaschen worden, seit Jim Knopf und Lukas das erste Mal Lummerland erreicht hatten.

Der rechte Eingang dieses privaten Industriemuseums hatte den Klingelknopf in der Mitte der Holztür. Obwohl ein

Namensschild fehlte, war ich mir sicher, hier richtig zu sein. Denn bei meinem anschließenden Versuch, von der Straßenseite aus durch die trübe Scheibe einen Blick ins Innere zu erhaschen, stellte ich fest, dass der Bewohner ebenfalls von Giselas Hare-Krishna-Virus befallen sein musste: Auf dem Fensterbrett standen neben einer reichlich groß geratenen Wasserpfeife einige Götterstatuetten, wie ich sie schon aus dem Haus meines Auftraggebers in voluminöserer Form kannte.

Je schmutziger die andere Seite des Glases, desto besser die Spiegelung. Ich sah die beiden Kerle, als sie sich aus dem Eingang eines gegenüberliegenden Hauses lösten und auf mich zukamen. Beide höchstens Anfang zwanzig, zerschlissene Jeans, Turnschuhe von undefinierbarer Farbe, einer mit Jeansjacke, der andere mit abgeschabter Lederjoppe. Beide offensichtlich halb-stoned von einem Drogenmix, dessen Zusammenstellung ich lieber nicht kennen wollte. Das Auffälligste an ihnen aber waren ihre auf Sikhs getrimmten Frisuren, was besonders bei dem Blonden ausgesprochen albern wirkte, und ihre Halsketten aus miniaturisierten Totenschädeln.

Als ich an die Statuen im Fenster dachte, begriff ich augenblicklich, wen die zwei verkörpern wollten. Sie waren keine ewigen Vietnamkrieger, die sich die abgeschlagenen Köpfe ihrer Feinde um den Hals hängten. Ganz im Gegenteil. Sie waren die Überreste der Mythenpracht eines psychedelischen Frühlings, in dem selbst die Beatles und die Stones vollgedröhnt von Shit und Gras mit Ravi Shankar anbandeln wollten. Die zwei wandelten als die Inkarnation von Hanuman und Kali über die Erde und mischten sich in die Geschicke der Menschen. So weit, so schlecht. Grundsätzlich habe ich nichts gegen Götter. Meinetwegen soll sich jeder Mensch einen suchen, der zu ihm passt. Aber dann sollen die Idole gefälligst auch zufrieden sein und ganz in Ruhe mit baumelnden Beinen wohlgefällig auf ihrer Wolkenbank hocken. Ich hasse es, wenn sie mir ins Handwerk pfuschen wollen.

Ausgerechnet der Typ, dem das in Metall gearbeitete Friedenssymbol der 68er auf der Jacke prangte, laberte mich einleitungslos mit den Worten an: »Ich hau dir ein paar in die Schnauze.«

»Versuch's, du Wurm, und ich dreh dir den Hals um. Das schwör ich dir bei meinem Friedensnobelpreis.«

Diese freundschaftliche Konversation fand zwischen uns statt, ohne dass ich mich zu ihnen umgedreht hatte. Anscheinend imponierte ihnen mein Verhalten, vielleicht fanden sie es in ihrem zugekleisterten Hirn auch nur witzig. Jedenfalls fingen beide wie auf Kommando an zu lachen, und der Dunkelhaarige formulierte mit mehreren Ansätzen und einem ausgeprägten Lallen die Einladung, eine Straße weiter in eine Kneipe mit angeschlossenem Billardschuppen zu gehen und einen zu trinken. Das war ganz in meinem Sinne, ist doch ein Lokal immer noch der Ort, an dem man am ehesten, leichtesten und unauffälligsten an Informationen kommen kann.

Nachdem ich zwei Runden bestellt hatte und dabei so tat, als würde mich nur das Spiel von zwei Dilettanten, die näher daran waren, das Tuch zu ramponieren als eine Kugel zu versenken, und sonst nichts auf dieser Welt interessieren, redeten meine neuen Freunde von ganz alleine, als ich bloß Axels Wohnung erwähnte. Die Figuren im Fenster hätten meine Aufmerksamkeit erregt. Damit hatte ich die Lawine losgetreten.

Ein kurzer Trip durch die indische Mythologie, dann kamen sie von selber auf meine Zielperson zu sprechen.

»Tja der, der kann sich jetzt solchen teuren Kram leisten, der hat ja jetzt ...« – »Wieso leisten? Der braucht die Dinger ja gar nicht zu bezahlen. Die hat er ja als Geschenk obendrein ...« – »Ich mein ja nur, dass der jetzt auf jeden Fall supergeil zurechtkommt mit der Kohle, die ...« – »Auf jeden Fall ist der jetzt an der Sonne, der Axel, weil der nämlich ... – »Auf jeden Fall ...« – »Und Shit ohne Ende ...« – »Und auf jeden Fall hat der ...«

Auf der Heimfahrt machte ich mich daran, die für mich wichtigen Informationen aus dem verquasten Gebrabbel herauszufiltern. In Kurzform: Axel musste früher einen normalen Bürojob in der Firma von Kutowski gehabt haben und in dieser Funktion wohl öfters Unterlagen im Privathaus meines Klienten abliefern. Bei der Gelegenheit lernte er den Jungen – Maurice hieß er übrigens – kennen, und freundete sich mit ihm an. Der Bengel war schwierig und heilfroh, auf einen ähnlichen Träumer gestoßen zu sein, Kutowski noch froher, einen Gesellschafter für Maurice gefunden zu haben, der ihn von seiner Ersatzvaterrolle erlöste. Also wurden Axels berufliche Belastungen drastisch verringert, und ein paar Extrascheinchen hier und da stabilisierten seine Laune, sich mit einem wesentlich jüngeren Kind dessen Märchenwelt zu teilen. Wenn ich an Axels Fensterschmuck dachte, hielt ich es für sehr wahrscheinlich, dass er sich bei solcherart generöser Entlohnung auch um die Frau seines Chefs gleich mit kümmerte, was wiederum ganz in Kutowskis Sinn sein könnte. Aber dieser Aspekt der Angelegenheit ging mich nun wirklich nichts an. Summa summarum dürfte also Axel nicht das mindeste Interesse daran haben, etwas zu unternehmen, was seine komfortable Situation gefährdete.

Weil der freundliche Axel ein freigiebiger Kumpel war, sahen es Piet und Eddie, meine beiden Friedenskrieger, die nur zwei Häuser weiter wohnten, als ihre Freundespflicht an, ein waches Auge auf seine Bude zu haben, wenn er weg war. Das war der einzige Grund, weswegen sie auf mich losgegangen waren.

Kaum hatte diese Spur begonnen, eine zu sein, da endete sie auch schon in einer Sackgasse.

Ich verfasste einen kurzen schriftlichen Bericht, um meinen Honoraransprüchen wenigstens den Schein einer Berechtigung zu verleihen, und schickte ihn an Kutowski. Trotz meiner langjährigen Berufstätigkeit war ein letztes Quäntchen von Ehrlichkeit verblieben, sodass ich mit der Vermutung abschloss, der Fall – der eigentlich nie einer gewesen war – könne dem Bereich Kinderscherz zugeschlagen und damit als abgeschlossen angesehen werden.

Kutowski ließ mir einen Scheck mit dem Bemerken zukommen, ich solle mich weiterhin bereit halten. Wofür, fiel ihm aber auch nicht ein.

7. Kapitel

Bis der nächste Anruf kam, dauerte es etwa vierzehn Tage, gerade so lange, dass ich den Namen Kutowski noch nicht vergessen hatte.

»Es ist anscheinend doch nicht zu Ende. – Können Sie jetzt gleich vorbeikommen?«

Obwohl ich verhältnismäßig gut durchgekommen und mit meinem so schnellen Erscheinen noch gar nicht zu rechnen war, sah ich ihm von weitem an, wie nervös er war, als er vor seinem Haus auf und ab stakste.

»Hier, gucken Sie sich das an!«

Es war der altbekannte Zahlenzettel, diesmal zusätzlich versehen mit der bedeutungsschwangeren Anmerkung *übermorgen*.

Auch diesmal drehte und wendete ich ihn, auch diesmal hatte ich damit nicht mehr Erfolg als sonst. »Ich vermute, Sie haben keinen konkreten Verdacht, was damit gemeint sein könnte, worum es nun eigentlich geht, oder so?«

Mit Fragen dieser Güte stellte ich mir als Detektiv ein verdammtes Armutszeugnis aus, aber eine bessere wusste ich nicht, und er war viel zu aufgewühlt, um ihre Minderqualität zu bemerken.

»Nein, nein, ich tappe immer noch im Dunkeln.«

»Okay. Also dann wieder systematisch: Wo haben Sie den Zettel gefunden?«

»Im Briefkasten. Jemand hat ihn ohne Umschlag hineingesteckt.«

»Dann wird uns wohl nichts anderes übrig bleiben, als einfach bis übermorgen zu warten. Dann muss was passieren. Wenn nicht, war es der vermutete Kinderscherz, wenn doch, wissen wir mehr.«

Er starrte mich so ungläubig an, als hätte er mich just im Moment das erste Mal zu Gesicht bekommen. »Wenn doch ...! – Soll ich etwa bloß dumm rumsitzen und warten, dass meiner Familie was passiert? Soll ich ...« Und so weiter und so weiter.

Ich war versucht, ihm zu sagen, dass er auch schlau rumsitzen und zu diesem Zweck ein Buch lesen könnte, aber ich verkniff mir den Spruch und hob stattdessen beschwichtigend die Hände. »Vergessen Sie nicht, dass wir immer noch keinen einzigen konkreten Hinweis darauf haben, dass überhaupt etwas Bedrohliches beabsichtigt ist. Wir wissen nicht einmal, ob jemand dahintersteckt, der in der Lage ist, ernsthaft zu drohen. – Aber wenn Sie jedes Risiko vermeiden wollen, lassen Sie ein paar Männer aus Ihrer Firma kommen, auf die Sie sich verlassen können. Die können ja so tun, als würden sie Ihr Haus renovieren. Zwei Tage, und die Sache ist ausgestanden.«

Kutowski ließ sich den Gedanken kurz durch den Kopf gehen und fand ihn anscheinend ganz toll, wie seine glückliche Miene widerspiegelte. Er bat mich, hereinzukommen und zu bleiben, bis alles geregelt wäre, und tätigte dann seine Telefonate. »Ich könnte ja auch noch die Hunde holen, wenn Sie wollen.«

»Was für Hunde?«

»Wir halten auf dem Firmengelände immer einige Wachhunde. Die lassen wir auf Großbaustellen nachts laufen, damit nichts geklaut wird. Die sind besser und viel billiger als zehn Nachtwächter. Außerdem sind die bei uns so was wie Firmentradition. Mein Schwiegervater hat das mal eingeführt, und der lässt sich auch heute nicht nehmen, sich wenigstens einmal pro Woche persönlich um die Tiere zu kümmern. Wie gesagt, ich kann sie holen lassen.«

Ich brauchte nicht lange zu überlegen, um abzulehnen. »Nein, nein, das lassen wir lieber. Ist zu auffällig. Plötzlich eine Horde Handwerker und obendrein auch noch Hunde, das würde dem Dümmsten auffallen. Außerdem würde das jeden abschrecken, und ich würde lieber einen in die Falle tappen lassen und ihn schnappen.«

Das leuchtete Kutowski ein.

Keine drei Stunden später rückten fünf Mann in Arbeitskluft mit Malerutensilien an und unternahmen den untauglichen Versuch, sein makellos weißes Haus noch weißer zu streichen, wobei sie sich strategisch günstig um den Bau verteilt hatten.

Mein Gönner war beruhigt, und ich konnte abziehen.

Morgen kam, und nichts war passiert.

Heute war übermorgen – und der Junge war weg. Es fiel auf, als die Lehrerin um zehn anrief und verlangte, dass man Maurice sofort in die Schule brächte. Es stand nämlich eine Klassenarbeit an in einem Fach, in dem er ziemlich schwach war und sich gerne um die Mitarbeit drückte. Wenn er jetzt also Krankheit simulierte und im Bett bliebe, würde ihm das auch nicht helfen.

Aber der Junge war nicht im Bett. Er war auch nicht verspätet in der Schule. Nicht mal seine Schultasche war da. Die wurde nur hundert Meter von Zuhause in einem Gebüsch gefunden.

Was dann kam, war das übliche Szenario, dass jeder Krimiinteressierte aus zig Kriminalromanen, -filmen und -fernsehspielen kennt. Ein zunächst verzweifelter und dann sämtlichen Stimmungsschwankungen unterworfener Kutowski, eine hypernervöse Haushälterin, eine – abweichend vom Schema – nicht informierte Mutter, und mittendrin der Fels in der Brandung, ich.

Letztlich lief alles wieder auf die stereotype Frage hinaus, ob man die Polizei einschalten sollte oder nicht. Trotz all meiner Bedenken musste ich mich letztlich Kutowskis Wunsch beugen, alle offiziellen Stellen herauszuhalten. Denn ansonsten wäre zwingend auch seine Frau informiert worden, was nach seiner Darstellung ihres Gesundheitszustandes ihren augenblicklichen Tod hätte bedeuten können. Da diese Einschätzung der Lage von seiner Haushälterin bestätigt wurde, waren mir die Hände gebunden.

Kutowski ließ nichts anderes als eine Kindesentführung gelten, obwohl ich der Auffassung war, dass auch ein Verkehrsunfall oder Ähnliches möglich wäre. Zur Rückversicherung rief ich unter falschem Namen bei der Polizei an und gab eine Version zum Besten, wonach ich einen Unfall beobachtet hätte, bei dem ein Junge angefahren worden wäre, der sich jedoch vor meinem Eingreifen aus eigener Kraft wieder aufgerappelt hätte und verschwunden wäre. Nein, war die Antwort, von so einem Vorfall wüsste man nichts, etwas Ähnliches hätte es zum Glück seit Monaten nicht gegeben.

Das war natürlich Pfeffer auf die Mühle meines Auftraggebers, der sich nun in den glühendsten Farben ausmalte, wie er nach der Befreiung von Maurice dessen Entführer eigenhändig rädern, vierteilen und anschließend in siedendem Öl kochen würde. Dann brach seine Fassade endgültig zusammen, und er ergab sich den Tröstungen einer Flasche Scotch, die er halb geleert hatte, bevor ich mit ihm das weitere Procedere besprechen konnte.

Er wäre am liebsten sofort als Racheengel mit dem Flammenschwert fortgezogen, aber er wusste genau so wenig wie ich, wohin. Daher blieben nur die Alternativen übrig, sich an die Polizei zu wenden, was er nach wie vor ausschloss, oder abzuwarten, bis sich der mutmaßliche Entführer meldete. Nolens volens erhielt aus den bekannten Gründen letztere Variante den Vorzug.

Um jederzeit zur Verfügung zu stehen, quartierte ich mich auf Kutowskis Wunsch in einem der Gästezimmer ein und verbrachte dort wider Erwarten eine ruhige Nacht.

Beim Frühstück, das mein Auftraggeber und ich weitestgehend schweigend in der Küche einnahmen, saß mir ein unrasierter, fahriger Mann gegenüber, der so in seinen Grundfesten erschüttert erschien, wie ich ihn nie erlebt hatte. Danach konnte ich ihn mit Mühe daran hindern, sich einer zweiten Flasche Whisky zu widmen – die andere hatte er noch in der letzten Nacht niedergemacht –, und ihn sogar dazu bringen, sich in den gewohnt respektierlichen Zustand zu versetzen und sich in der Firma sehen zu lassen. Ihm leuchtete ein, dass er nach außen den Schein wahren musste, fuhr aber erst los, nachdem ich ihm hoch und heilig versprochen hatte, ihn von jeder Veränderung der Situation umgehend zu informieren.

Ich nutzte die Gelegenheit und sah mich genauer im Zimmer des Jungen um. Dabei redete ich mir ein, etwas Sinnvolles zu tun, weil ich auf diese Weise mehr über die Persönlichkeit des Kindes erfahren würde und dadurch vielleicht abschätzen könnte, wie sich das Opfer im Falle eines Kidnappings verhalten würde. Tatsächlich war diese Überlegung Humbug, denn ich hatte keinerlei psychologische Ausbildung und auch gar keine diesbezügliche Erfahrung mit Kindern. Mir fiel nur nicht ein, wie ich die Zeit besser hätte totschlagen können.

Mein erster Blick strich wieder über die Regale, mein zweiter fiel auf den kleinen Kinderschreibtisch, auf dem ein aufgeschlagenes Buch lag. Eine alte deutsche Ausgabe von

Grimms Märchen, wie sich bei näherer Betrachtung herausstellte.

Ich hatte in meiner Kindheit mein Taschengeld lieber in Süßigkeiten statt in Bücher investiert und mich nicht besonders für Märchen begeistert, was ich in späteren Berufsjahren beim Abfassen meiner polizeilichen Berichte mehr als einmal bedauern sollte. Ein paar Geschichten waren aber doch hängen geblieben, unter anderem weil ich schon immer ein gesundes Streben nach materiellem Wohlstand in mir spürte. Deshalb erinnerte ich mich gleich, als ich die Illustration eines knorrigen Zwerges vor einem schönen Mädchen in hausbackenem Kleid hinter einem Spinnrad sah, dass diese antiquierte Zaubermaus angeblich Stroh zu Gold spinnen konnte. Eine verdammt faszinierende Vorstellung, die auch den Zwerg nicht losgelassen hatte – wie hieß er doch gleich, klar, Rumpelstilzchen.

Ich wollte die alte Schwarte schon wieder zurücklegen, als die Sonne der Erkenntnis in meinem Gehirn aufging, größer als auf der japanischen Nationalflagge. Dieser ganze Zirkus mit dem Brötchen = Bäcker, der Bierflasche = Brauer, dem Zettel mit *übermorgen*, das war nichts anderes als die aktuelle Version!

Weil ich mein Gedächtnis nicht überstrapazieren wollte, schlug ich den Vers zur Vorsicht nach: *Heute back ich, morgen brau ich, übermorgen hol ich der Königin ihr Kind.*

Wir hatten es mit einem märchenhaften Entführungsfall zu tun.

Damit war die Sache aber noch lange nicht geklärt, denn dass die Parallelen so weit gingen, den Kidnapper als kleinwüchsigen, bärtigen Krüppel identifizieren zu können, war mehr als unwahrscheinlich. Da erschien mir viel lebensnaher, dass der Entführer über einen höchst skurrilen Humor verfügte. Aber solche Merkmale werden in keiner Verbrecherkartei erfasst, jedenfalls in keiner, auf die ich unter Ausnutzung meiner alten Kontakte Zugriff nehmen konnte, ohne Aufsehen zu erregen.

Die Einlösung meines Versprechens, Kutowski über alle Neuigkeiten sofort in Kenntnis zu setzen, stellte ich einstweilen zurück. Tatsächlich war ja auch nichts Neues passiert. Ich brauchte Zeit, meine Gedanken zu ordnen.

Also nahm diesmal ich die Flasche Whisky und ging damit auf mein Zimmer. Nach dem dritten Glas musste ich mir eingestehen, dass ich von Anfang an falsch gelegen hatte, die Sache als Kinderkram abtun zu wollen. Ganz im Gegenteil, Kutowski hatte mal wieder den richtigen Riecher gehabt.

Dabei war die Enttäuschung über meine Fehleinschätzung der Lage so groß, dass ich den wichtigsten neuen Aspekt fast übersehen hätte. Aber eben nur fast.

Die Wahrscheinlichkeit, einen Sechser im Lotto zu haben, wäre größer als der Zufall, dass der Junge gerade zu der Zeit seiner Entführung ausgerechnet das Märchen vom Rumpelstilzchen gelesen hatte. Wäre der Knabe nicht so weltentrückt, zehn Jahre älter und mit der Baubranche vertraut gewesen, hätte ich ihm zugetraut, im Zuge eigener Ermittlungen aus Bäcker und Brauer denselben Schluss wie ich zu ziehen und sich in seinem alten Buch rückzuversichern, nachdem der Zettel mit *übermorgen* aufgetaucht war. Aber so, wie die Dinge lagen, nie und nimmer.

Die Quintessenz daraus war nicht dazu angetan, meine Nerven zu beruhigen. Jetzt stand nämlich fest, dass der oder die Entführer einen Helfer hier im Haus haben mussten.

Nach dem vierten Glas schied ich meinen Auftraggeber als Verdächtigen aus. So blöd, einen Detektiv mit der Aufklärung des eigenen Verbrechens zu betrauen, sind die Gauner nur im Kino. Seine Frau kam ebenfalls nicht in Frage. Die hatte sich selbst nachhaltig von der Außenwelt abgeschottet, alle Kontakte liefen über Dritte und eröffneten damit einen riesigen Unsicherheitsfaktor. Obendrein fehlte mir bei den Eheleuten jedes Motiv.

Die alte Haushälterin hätte sich lieber beide Hände abgehackt, bevor sie damit bei einer Aktion gegen den von Lechtenbörger angebeteten Enkel geholfen hätte. Was blieb, war dieser bleiche Axel.

Als ich so weit gediehen war, machte ich den Anruf bei Kutowski.

»Ich wusste es. Ich wusste es schon sofort, dass da etwas in der Luft lag. – Äh, dass Sie mich nicht falsch verstehen, natürlich nicht wegen Axel. Wenn ich da was geahnt hätte, wäre der nie in die Nähe von Maurice gekommen. Aber sind Sie wirklich sicher, dass der was damit zu tun hat? Ich trau dem das ehrlich gesagt nicht zu, überhaupt nicht.«

Vernünftigerweise wollte er ihn sich aber persönlich vornehmen. Würde dabei nichts herauskommen, könnte ich mich ja mit meiner rustikalen Vernehmungstaktik um ihn kümmern. Alles gut und schön, nur hatte die Sache einen riesigen Haken, wie sich nach etlichen Telefonaten und einigem Hin- und Hergefahre herausstellte: Auch Axel war wie vom Erdboden verschwunden.

Ich nahm notgedrungen die Autobahngurkerei in Kauf und ließ mich ein paarmal bei seinem Domizil sehen. Die Hare-Krishna-Jünger waren zwar da, hatten aber angeblich von ihrem Kumpel nichts gesehen oder gehört. Kutowski selber klapperte Axels Bekannte aus der Firma ab und hatte denselben Erfolg wie ich.

So vergingen die nächsten Tage. Ich pendelte zwischen einem kurzen Abstecher in mein Büro und Kutowskis

Wohnung hin und her, er verbrachte mehr und mehr Zeit in der Firma, weil er wusste, dass er sich auf mich verlassen konnte und er sich dort am besten ablenken konnte.

Nach einer Woche, in der sich nichts ereignet hatte, zog ich bei ihm aus, nicht, ohne ihm dringlich angeraten zu haben, nun endlich zur Polizei zu gehen. Aber was diesen Punkt anbelangte, redete ich gegen eine Wand.

Die folgenden Tage meldete ich mich im Drei-Stunden-Takt bei ihm, aber weder war der Junge aufgetaucht noch hatte sich der Entführer in Erinnerung gebracht. Ich versprach mir von meinem Telefonterror nicht die Lösung des Gordischen Knotens, wohl aber den Eindruck von Arbeitseifer, gepaart mit menschlicher Anteilnahme, was auch mit einem weiteren Scheck belohnt wurde, den ich aufgrund der unveränderten Sachlage für mich heimlich als Schlusszahlung verbuchte.

Dann trat der Supergau ein.

Gisela hatte auf irgendeine Weise mitbekommen, dass ihr Sohn verschwunden war und keiner ihr etwas Näheres dazu sagen konnte. Das brachte sie endgültig zum Überschnappen. Sie hatte sich jahrelang das gepanschte Zeug in die Nase gekleistert, und danach gibt es dann nur noch drei Zustände, wie ein Kenner der Materie mir versichert hat: Entweder du bist völlig bedröhnt und du weißt das auch oder du bist so bedröhnt, dass du dich für völlig klar hältst, oder du bist total bedröhnt, hältst dich für völlig klar und weißt in dieser Klarheit, dass du völlig bedröhnt bist. Andere Möglichkeiten gibt es nicht, und wirklich klar wirst du nicht, nie wieder im Leben.

Ich kann nicht einmal erahnen, was in ihrem Kopf vorgegangen sein mag. Vermutlich verabreichte sie sich ihren gesamten Vorrat an Glückseligkeitsstoff auf einen Schlag, Herz und Hirn tanzten einen allerletzten Rock'n'Roll, und als Dorothea sie morgens im Bett fand, war ihr Körper schon kalt.

Als mir Kutowski das am Telefon mitteilte, hatte ich den Eindruck, er würde dabei immer wieder seinen Schädel vor die Wand rammen. Ich bot mein sofortiges Erscheinen an, aber er lehnte dankend ab. Er würde einen Arzt kommen, sich eine Beruhigungsspritze geben lassen und dann ins Bett legen. Er hatte in seinem Leben schon unvernünftigere Meinungen geäußert.

Die seriösen Blätter hielten sich an die offizielle ärztliche Diagnose, die auf multiples Organversagen lautete. Eine euphemistische Umschreibung dafür, dass ihre rauschgiftunterminierte Gesundheit nur noch den Thrill mit dem abhanden gekommenen Sohn benötigte, um endgültig zu kollabieren. Die Regenbogenpresse titelte larmoyant *Ein Mutterherz zerbricht*. Ich tippte eher auf eine Überdosis, wissen würde ich es nie.

Ehrlich gesagt, abgesehen von der finanziellen Seite kotzte der Fall mich mittlerweile ziemlich an.

Ich saß in meinem Büro und grübelte darüber nach, ob ich mir angesichts des lukrativen vergangenen Monats einen Urlaub in den Bergen leisten sollte. Ich grübelte außerdem über eine Chance nach, mit akzeptablem Grund die Brocken hinschmeißen zu können, ohne einen einzigen Cent zurückzahlen zu müssen, als der anonyme Anruf kam.

»Sie sind doch der Detektiv, der für diesen Kutowski arbeitet, oder nicht?«

Berücksichtigte man, dass nur ein sehr begrenzter Personenkreis von meinem Auftrag wusste, und zog man von der manipulierten Stimme das Taschentuch vor dem Mund und die ausgepolsterten Backen ab, blieb der Altfrauenklang von Hausdame Dorothea über. Ich brummelte etwas Unverständliches.

»Wissen Sie eigentlich, dass das Fahrrad des Jungen am selben Tag verschwunden ist und dass Kutowski zwanzigtausend Euro fehlen, die er immer als Reserve im Schreibtisch hatte?«

Als von mir nicht einmal ein Antwortgrummeln kam, wurde aufgelegt.

Ich brauchte jetzt die Kneipe an der Ecke, um in dem allgemeinen Gebrassel einige Schlussfolgerungen zu ziehen. Letztlich kam aber nur eine stichhaltige Erkenntnis dabei heraus: Ich war nun davon überzeugt, dass der oder die Entführer nicht notwendigerweise einen Helfer im Kutowskischen Haushalt hatten. Vor meinem geistigen Auge erstand vielmehr ein ganz anderes Bild. Ich sah eine auch damals schon alte Dorothea einem sehr jungen und begeistert zuhörenden Maurice Märchen vorlesen. Die alte Dame mit dem exzellenten Gedächtnis für das Kulturgut der Gebrüder Grimm hatte die Sachlage als Allererste kapiert und das Buch extra so hingelegt, um einem Trottel auf die Sprünge zu helfen. Wen ich zerknirschter Meisterdetektiv mit Trottel meine, dürfte klar sein.

Ich gestattete mir noch zwei Gläschen meines liebsten Beruhigungsmittels und machte mich auf den Rückweg.

Schon unten im Hausflur hörte ich das hauchdünne Läuten eines Telefons, das nicht aufhören wollte und immer lauter wurde, je höher ich die Treppen stieg. Ich beeilte mich, die Bude aufzuschließen, und nahm ab.

Kutowski war dran. Seine ersten Worte waren: »Ich habe meinen Sohn gefunden.«

* * *

Ich hatte mir den Weg von Kutowski detailliert beschreiben lassen. Das war nötig, weil es auf dem letzten Stück keine Beschilderung gab und ich auf diesem Abschnitt der Hunsrückhöhenstraße nicht damit rechnen konnte, jemanden zu treffen, den ich nach der Jagdhütte des alten Lechtenbörger fragen konnte.

Weil ich die Strecke mittlerweile schon im Schlaf kannte, steuerte ich zuerst wieder Brauneberg an, ließ nach dem Überqueren der Mosel das Örtchen aber rechts liegen und schlängelte mich die engen Serpentinen den Berg hinauf, um auf der Höhenstraße in grober Richtung Simmern weiterzufahren.

Die Gegend ist mit ihren weiten Wiesen und dichten Mischwäldern sicherlich eine der schönsten, die meine Heimat zu bieten hat, aber ich hatte jetzt kein Auge dafür. Ich hielt Ausschau nach einem etwas zurückgesetzten, aus groben Feldsteinen errichteten Unterstand, den ich passieren sollte, um etwa einen halben Kilometer weiter nach rechts in einen schmalen Forstweg abzubiegen.

Die Hütte lag am Ende eines sandigen Weges, der erst hundert Meter durch eine Tannenschonung und dann dreihundert Meter durch verkrautetes Gestrüpp führte, bis er vor der von einer Veranda umgebenen Hütte endete, die in einer losen Buschgruppe stand.

Kutowskis Wagen war auf einer mit kurzem, sparrigem Gras bewachsenen Sandfläche abgestellt. Er selber klammerte sich vor der Eingangstür an einen der Stützpfosten für das Vordach und hielt sich auf diese Weise mühevoll auf den Beinen.

Ich parkte meine Kiste direkt vor den Stufen der kurzen Holztreppe und ging sofort ins Haus. Maurice schwebte mitten im Zimmer.

Der Junge aus der Märchenwelt hatte den indischen Seiltrick versucht, allerdings ohne das übliche gute Ende. Stattdessen hing er am Ende des Stricks, die Augen verdreht, die Zunge im offenen Mund geschwollen und verfärbt. Obendrein hatte er sich in die Hose gemacht.

Der Gestank war atemberaubend. Nachdem ich ein Paar Einweghandschuhe aus der Autoapotheke geholt hatte, hielt ich mir ein Taschentuch vor die Nase und ging in den Raum, um alle Fenster aufzureißen. Kutowski hockte auf den Verandastufen und kotze mit dem Mief um die Wette, wobei seine goldene Rolex, die er heute passend zu seinem braunen Polo-Shirt trug, ihren Teil abbekam.

In solchen Situationen gehen einem die komischsten Gedanken durch den Kopf. Mir fiel gerade ein, mal gelesen zu haben, dass ausgerechnet die teuersten Uhren selten wirklich wasserdicht sind.

Es kommen einem auch komische Fragen über die Lippen: »Wo haben Sie denn Ihre tolle flache Uhr von unserer ersten Begegnung in Bernkastel gelassen?«

Die Situation war so bizarr, dass Kutowski sich über meine Frage nicht einmal wunderte, sondern ganz mechanisch Antwort gab. »Ist weg. War von einem Tag auf den anderen verschwunden. Auch Dorothea konnte sie nicht finden.«

Seine reale Antwort auf meine surreale Frage brachte mich in die Wirklichkeit zurück. Ich war nun bereit, vernünftig zu handeln, und zwar ohne Einschränkung durch irgendwelche Wünsche meiner Geldgeber. Also tat ich das, was schon längst überfällig war, und rief die Polizei an. Die Wegbeschreibung überließ ich Kutowski und nutzte die Zeit, mich noch ein wenig in der Hütte umzusehen, bevor meine ehemaligen Kollegen eingetroffen waren.

Auf dem Tisch neben einer halbvollen Schüssel mit Cornflakes, die sich Maurice als Henkersmahlzeit gegönnt hatte, lag der Abschiedsbrief.

Entschuldigung. Alles ist meine Schuld. Ich hätte nicht weglaufen dürfen. Ich komme wieder als ein großer weißer Vogel.

Als gescheiterter, aber ordentlicher Erpresser in eigener Sache hatte er wieder mit Hilfe einer Schablone begonnen. Anscheinend ging ihm das zu langsam, denn nach dem vierten Wort war er zu seiner normalen Schreibschrift gewechselt. Verständlich angesichts der aufgewühlten Gemütslage, in der er sich befunden haben musste. Als Unterschrift hatte er ein ungelenkes Gekrakel gewählt, das man oft bei Leuten findet, die selten unterschreiben müssen und den fehlenden Routineschwung durch besonders unleserliche Hieroglyphen kompensieren wollen.

Der Durchzug hatte für einigermaßen erträgliche Luft gesorgt, sodass ich mir die Zeit nahm, den Brief wortgetreu in mein Notizbuch zu schreiben. Ich würde mich mit ihm auseinander setzen, wenn ich mehr Muße dazu haben sollte.

Ein kurzer Rundgang durch die Hütte überzeugte mich davon, dass Maurice hier schon eine ganze Weile gelebt haben musste, und zwar ohne Zwang, wie das Fehlen eines jeden Anzeichens von Gewalt bewies. Neue Kleidung, massenhaft Essensvorräte und mehrere Märchenbücher sowie Comic-Hefte ließen nicht den geringsten Zweifel daran, dass der Junge sich hier, vermutlich schon von seinem Verschwinden an, freiwillig aufgehalten hatte.

An dieser Überzeugung änderte auch nichts das Vorhandensein von ein paar abgetragenen Klamotten, die für Maurice viel zu groß waren und einem anderen männlichen

Wesen gehören mussten. Als ich ein T-Shirt mit Friedenssymbol und eines mit einer stilisierten Hanfpflanze entdeckte, war klar, dass die Sachen von Axel stammten. – Ein Kind aus einer imaginären und ein Junkie aus einer selbstgeschaffenen Scheinwelt, was sollte bei einer solchen Kombination schon Gutes herauskommen?

Ich hätte gerne noch weiter herumgestöbert, als ich die Sirenen hörte. Die Polypen lieben es nicht, wenn man ihnen ins Handwerk pfuscht. Deshalb ging ich wieder nach draußen und steckte meine Handschuhe ein, damit sie bloß nicht auf die Idee kamen, ich hätte eigene Ermittlungsambitionen.

Bevor der erste Streifenwagen in Sichtweite kam, konnte ich Kutowski, der immer noch auf den Stufen hockte, aus seiner Lethargie rütteln und ihm verklickern, dass er den Mund halten und für sich selber nach seinem Hausarzt verlangen sollte. Ich hatte keine Zeit, ihm meine Überlegungen aufzudröseln, dass wir beide ganz schön blöd dastehen würden, wenn wir damit herausrücken müssten, von dem Verschwinden seit Wochen gewusst und die Polizei trotzdem nicht informiert zu haben. Da sollte sich sein Anwalt etwas zu einfallen lassen, so in drei, vier Tagen, wenn Kutowski vernehmungsfähig war. Wahrscheinlich kapierte er den Sinn meiner Anordnung nicht, hielt sich aber dran.

Sie kamen mit drei Wagen und gingen sehr professionell zu Werke, nachdem sie Kutowski und mich aus der näheren Umgebung der Hütte verbannt hatten. Wir hatten das Riesenglück, dass der Einsatz von Gerd Hufnagel geleitet wurde, den Kutowski mal auf einem Weinfest kennen gelernt und den er danach regelmäßig mit reichlich Präsenten für den Basar der ordnungsbehördlichen Weihnachtsfeier versorgt hatte. Er schluckte die Hausarztanforderung wohl mehr mit Rücksicht auf die Spenden als aus Überzeugung, und kommentierte auch meine Behauptung nicht näher, erst kürzlich und sehr oberflächlich von Kutowski in Erinnerung an alte Dienste zugezogen worden zu sein, die ich mal seinem Schwiegervater geleistet hatte.

Er war sogar so gnädig, mir die Frage zu beantworten, die mir am meisten auf den Nägeln brannte. Nachdem der Arzt die Leiche und die Spezialisten von der Spurensicherung den Strick und insbesondere die Faserstellung untersucht hatten, konnte jede Fremdeinwirkung ausgeschlossen werden. Kein Zweifel, Maurice hatte sich selbst umgebracht.

Eine Stunde später wurde Kutowski von seinem Arzt abgeholt, und ich durfte auch nach Hause fahren.

Der Anwalt meines Auftraggebers war gut, wirklich verdammt gut. Er setzte nämlich auch gleich eine Zeugenaussage für mich auf in dem Sinne, dass ich bei der ganzen Sache nur eine sehr periphere, beratende und schützende Rolle gespielt hatte, ohne von der Familie des Jungen in alle Einzelheiten eingeweiht worden zu sein. Ich brauchte nur noch zu unterschreiben und war damit aus dem Schneider.

Ich halte mich für einen Menschen, mit dem man ganz gut feiern kann. Nur keine traurigen Anlässe. Zu Hochzeiten oder Beerdigungen braucht man mich also gar nicht erst einzuladen. Deshalb blieb ich auch sämtlichen Bestattungsritualen für Maurice fern.

Nachdem sich der unvermeidliche Presserummel um den *schwermütigen Sohn eines Großunternehmers, den Lebensangst zur Flucht in eine Traumwelt getrieben hatte* gelegt hatte, und nach der pompösen Beerdigung die entsprechenden Artikel keinen Platz mehr auf Seite drei fanden, kamen noch etwa eine Woche lang die unvermeidlichen Schlaumeierkolumnen, in denen sich von jeder Detailkenntnis unbeleckte Fachleute in psychologischer Schwadroniererei über die generelle Perspektivlosigkeit der jungen Generation und die daraus resultierende, überhand nehmende Suizidgefährdung ausließen. – Ich bezog die Zeitung nur weiter, weil ich zu faul war, sie abzubestellen.

Es vergingen einige Tage, in denen sich auf meinem Anrufbeantworter drei Bitten von Lechtenbörger um Rückruf angesammelt hatten, die ich sämtlich ignorierte.

Ich verabredete mich lieber mit dem kooperativen Hufnagel auf ein Bier, um zu erfahren, was man in Bezug auf Axel unternommen hatte. Doch weil sich nicht feststellen ließ, wie lange sich seine Brocken schon in der Hütte befunden hatten, die theoretisch und praktisch dort schon monatelang liegen konnten, war der angesichts des eindeutigen Selbstmordes seines Freundes für die Polizei uninteressant. Von Kutowski, der angeblich mit angeknackster Psyche fürs Erste in einem einsamen Schweizer Chalet verschwunden war, hatte mein Gesprächspartner genauso wenig gehört wie ich.

Also rechnete ich meine letzte Honorarforderung gegen die segensreiche Tätigkeit von Kutowskis Anwalt auf und zwang mich ohne große Mühe, den ganzen elenden Fall mit seinen ganzen offenen Fragen gedanklich abzuhaken.

8. Kapitel

Ich war aus alter Gewohnheit schon seit Heiligabend nicht mehr ans Telefon gegangen, und obwohl mir der Kutowski/Lechtenbörger-Clan alles in allem einen ansehnlichen Kontostand beschert hatte, wollte ich nicht noch mal in dessen Klüngel hineingezogen werden. Schließlich konnte ich nicht noch einmal darauf hoffen, dass bei der nächsten hausgemachten Katastrophe wieder ein sich verpflichtet fühlender Polizist auf den Plan trat und meinen Arsch rettete. Behinderung der Ermittlungen und Zurückhaltung etwaiger Beweismittel kamen in der Hitparade der Todsünden gleich nach einem Attentat auf den Polizeipräsidenten. Deshalb packte ich meine nötigsten Reiseutensilien, ließ mein Handy in der Schreibtischschublade, wo es keinen Schaden anrichten konnte, und flüchtete für ein paar Tage rauf nach Den Helder, wo mich keiner kannte und ich auch keinen.

Aber wenn die Götter den Menschen mit irdischer Last prüfen wollen, dann schaffen die das, auch wenn sich der Mensch im nördlichsten Nordhollandzipfel verkrochen und hinter einer Batterie von Heineken und Hoppe verbarrikadiert hat. Ich musste es am eigenen Leibe erfahren.

* * *

Es vergingen einige Wochen, in denen der Januar uns an der Küste ein paar spärliche Sonnentage gegönnt hatte. Jetzt war es auf unabsehbare Zeit diesig, regnerisch und in manchen Gegenden nebelverhangen.

Ich war längst wieder zurück in Bochum, aber immer noch nicht bereit, das Telefon wieder als mein persönliches Arbeitsamt zu betrachten. Vielleicht lag es daran, dass bis jetzt niemand die Geduld aufgebracht hatte, es mehr als achtmal durchläuten zu lassen. Jetzt ging ich beim fünfzehnten Klingeln ran.

»Kommen Sie, schnell! Da will mich jemand reinlegen.« Es war unzweifelhaft Panik, die da in der Stimme mitschwang. Eine Schattierung, die ich nie bei diesem Mann vermutet hätte. Aber es war genauso unzweifelhaft Kutowski, der mich gegen zwei auf meinem Handy anrief, als ich mir schon ein Pils genehmigt und mich auf drei bis dreizehn weitere eingestellt hatte.

Fragen von mir würgte er gleich im Ansatz ab. »Verdammt, glauben Sie mir, es ist wichtig. Und jetzt kommen Sie endlich!«

Ich konnte gerade noch die aus meiner Sicht höchst berechtigte Frage loswerden, wohin ich denn kommen sollte; schließlich hatte sich mein Auftraggeber nicht extra meinetwegen einen Peilsender in den Nacken einpflanzen lassen.

Er schien ehrlich überrascht, so als müsste jeder Mensch auf der Welt wissen, wo er sich im Moment aufhielt. Die Sache musste für ihn wirklich höllisch wichtig sein. »Im Wochenendhaus.«

Das hatte er so eben mit einem mir unbekannten Krächzen herausgebracht, dann unterhielt ich mich mit einer toten Leitung.

Es war reines Glück, dass mich auf der Autobahn bei Remscheid kein Stau aufhielt und ich deshalb eine Zweidreiviertelstunde später bereits an Ort und Stelle war.

Hundert Meter vor dem Haus hatte er die Zufahrt mit seinem quergestellten Wagen blockiert, obwohl er mich erwartete. Das konnte aus meiner Sicht nur bedeuten, dass er jede Menge Zeit für irgendwelche Maßnahmen benötigte, falls sich ein ungebetener Gast nähern sollte. In einer solchen Situation verzichtet man besser auf die Hupe und geht zu Fuß.

Er stand unter dem Vordach mit dem Rücken zum Haus und lutschte an seinem rechten Zeigefinger, den er sich bei dem Versuch verbrannt hatte, bei seiner Zigarette den Filter mitzurauchen. »Drinnen.« Er drehte sich nicht mal um, sondern machte nur einen Schritt zur Seite, um die Tür freizugeben.

Ich öffnete sie und blieb auf der Schwelle stehen, um das Déjà-vu-Erlebnis voll auf mich wirken zu lassen, aber auch aus alter Routine, um keine Spuren zu verwischen.

Erst dachte ich, der Junge wäre wiederauferstanden und hätte seinen Seiltrick wiederholt, weil er mit dem erzielten Schockeffekt nicht ganz zufrieden war. Dann sah ich, dass es der nur mit einer Unterhose und einer Armbanduhr bekleidete Axel war.

Seine Kopie des Selbstmords seines kleinen Freundes war allerdings nicht ganz perfekt. Man merkte nämlich auf den ersten Blick, dass er nicht freiwillig aus dem Leben geschieden war.

Ich musste mir nicht die Schlauheit eines Gerichtsmediziners anmaßen und den Verlauf der Fasern dort examinieren, wo der Strick über den Balken lief. Unter dem frei schwebenden Axel lag kein weggestoßener Hocker, kein umgekippter Stuhl, und der Platz zwischen Balken und Decke war so minimal, dass Axel sich nicht von dort aus hätte hinunterstürzen können. Und überhaupt, wie hätte er raufklettern sollen?

Auf den zweiten Blick fiel auf, dass man ihn vor seinem Ableben übel traktiert hatte. Mehrere gebrochene Finger standen in unnatürlichem Winkel von seinen Händen ab, seine Nase war ein blutiger Klumpen, und im offenen Mund steckten braunrote Gerinsel in neuen Zahnlücken. Die Verletzungen waren zu frisch, als dass sich auf seinem Körper bereits stark verfärbte Hämatome hätten abzeichnen können, aber man erkannte ohne Weiteres, dass man ihn rundum bearbeitet hatte.

Vielleicht war es gerade seine überwiegende Nacktheit, dass mir seine Uhr ins Auge sprang. Calvin Klein, das platte Chamäleon. Ich löste sie vom Handgelenk und steckte sie ein.

Als ich kurz nach draußen zu Kutowski ging, war der immer noch nicht ansprechbar. Jede Frage an ihn wäre verschwendete Energie. Als ich meinen paralysierten Auftraggeber betrachtete, fielen mir seine Worte ein: »Da will mich jemand reinlegen.«

Möglich, dass man hieraus nicht zwingend den Schluss ziehen musste, dass man Kutowski einen Mord anhängen wollte, aber die Uhr sprach Bände. Ich wusste sofort, dass diese das vermisste Stück war, das ich von unserer ersten Begegnung her kannte. Ein Geschenk von Kutowski an Axel für treue Dienste? Blödsinn! Hätte Kutowski irgendetwas mit Axel zu tun gehabt, er hätte sie ihm nicht gelassen. Anscheinend sollte aber genau dieser Eindruck erweckt werden.

Damit würde unsere Lage erst richtig brenzlig. Denn war das die Absicht des Täters, ginge dessen Plan am besten auf, wenn Kutowski hier auf frischer Tat ertappt würde. Was bedeutete, jeden Moment konnten die Polypen hier aufkreuzen.

Also mussten wir hier weg, und Axel musste mit.

Ich hetzte Kutowski los, seinen Wagen bis ans Haus ranholen. Dann schnitt ich den Strick durch, so hoch ich raufreichen konnte, und verfrachtete Axel in den Kofferraum. Am liebsten hätte ich die Bude abgefackelt und das Szenario so hergerichtet, als hätten Penner nach einem Einbruch zu leichtsinnig mit einer Kerze hantiert. Aber dazu war mir die Zeit zu knapp.

Schon, als wir zu meinem Wagen fuhren, hatte ich das Gefühl, in der Ferne hauchdünn die Sirenen der Einsatzwagen zu hören. Ich stellte meine Kiste auf der regulären Straße an der ersten Stelle ab, an der offiziell geparkt werden durfte, und wechselte hinter den Lenker von Kutowskis Karosse. In der Erwartung, jede Sekunde die Kollegen von einst um die Ecke biegen zu sehen, wendete ich und fuhr Richtung Moseltal.

* * *

Bei einem Bauunternehmer rechnet natürlich jeder damit, dass der eine Leiche auf seiner Großbaustelle im Betonfundament verschwinden lässt. Und genau deshalb kam diese Lösung für uns nicht in Frage.

Aber was macht man in einer solchen Lage in einem Land, in dem jede Grabungsaktion außerhalb des eigenen Grundstücks bei jedermann allergrößtes Misstrauen erregt? Man verlässt sich auf das Motto: alt aber bewährt.

Deshalb war mir relativ schnell klar, dass für die Lösung unseres Problems nur Josh Blaauwboer in Frage kam. Er unterhielt einen Bauernhof in der Nähe von Spakenburg, und wenn ich sage, dass er den Hof unterhielt und nicht umgekehrt, dann meine ich das auch so. Denn mit dem, was die reguläre Bewirtschaftung abwarf, hätte er sich keinen 7er BMW plus Alfa Cabriolet leisten können. Josh setzte sehr erfolgreich auf Nebenverdienst unter bäuerlichem Deckmantel, und das tat er schon seit der Zeit, als ich noch im Staatsdienst und im Rahmen eines Austauschprogramms für ein halbes Jahr in den Niederlanden war. So hatten wir uns schließlich kennen gelernt.

Damals war ich noch bestrebt, dabei behilflich zu sein, ihn ans Messer zu liefern und in den Knast zu bringen. Aber als ich mit ihm näher in Kontakt kam, erkannte ich bald, welche Möglichkeiten sich durch ihn eröffneten. Also machte ich den Hundertachtziggradschwenk und bemühte mich ab sofort, die verfolgte Kreatur nach Kräften zu unterstützen. Mir dämmerte nämlich damals schon allmählich, dass die Rolle des ewigen Staatsdieners meinen auf Mehrung des persönlichen Wohlstands ausgerichteten Zukunftsplänen nicht gerecht würde. Diese Einstellung sicherte mir für alle Zeiten Joshs einschränkungslose Kooperationsbereitschaft.

Josh hatte wirklich allen Grund der Welt, jedem erdenklichen Gönner auf Behördenseite dankbar zu sein; denn er war das, was man in Kreisen des organisierten Verbrechens als den Mr. Cleansweep bezeichnete. Er war der Mann, der nach getaner Arbeit der anderen deren Spuren beseitigte. Nicht der Richter, sondern die Qualität seiner Tätigkeit entschied damit letztlich über Freispruch oder lebenslänglich Knast beziehungsweise ewige Psychiatrie.

Er war hundertprozentig verschwiegen, hundertprozentig zuverlässig und mit zwanzig Prozent bezahlbar, wenn man das als Anzahlung rechnete und ihm die ausstehenden hundertachtzig Prozent binnen eines Monats nachschoss.

Ich hatte die Verbindung, Kutowski des Geld. Damit war jede weitere Überlegung Zeitverschwendung.

Also rief ich Josh an und versuchte, ihm die Dringlichkeit der Sache deutlich zu machen, verschmähte keinen Superlativ, und war am Ende so tief gesunken, ihn für alle seine früheren Taten mit der Polizei zu bedrohen, ich Charakterschwein. Glücklicherweise ließ ihn das alles kalt. Was ihn letztlich überzeugte, war die Zusicherung, seinen normalen Kurs aus Kutowskis Fonds für ultraprekäre Angelegenheiten zu verdoppeln. In dieser Situation war mein Auftraggeber bereit, jedem Helfer die bloßen Füße zu küssen, während ich auf die Stiefel aufpasste.

Wir packten Axel in den Kofferraum – zu Lebzeiten war er bestimmt nie in einem solch feudalen Wagen kutschiert worden – und machten uns unverzüglich auf den Weg. Obwohl wir keine Zeit vertrödelt hatten, war es dunkel, als wir endlich im Landeanflug auf Spakenburg waren, und wir hatten längst die Scheinwerfer einschalten müssen, deren Licht von den dicht über den Boden ziehenden Nebelstreifen reflektiert wurde. Der Neumond war zu schwach, die Wolkendecke zu durchdringen, und nur, wenn sie dann und wann aufriss, waren ein paar verschwommene Sterne zu erkennen.

Während der Fahrt musste ich an meine erste Begegnung mit Josh denken. Ich war nicht direkt mit dem Fall befasst und daher sehr erstaunt, als ein Kollege in mein Zimmer kam und sagte, das müsste ich mir unbedingt anhören, so was hätte ich noch nicht erlebt. Man konnte Josh schon hören, als wir uns dem Vernehmungszimmer näherten. Er beantwortete keine einzige Frage und sang stattdessen lauthals ein Seemannsshanty nach dem anderen. Als ihm nach etwa einer Stunde die Luft ausging, fragte er mit Dackelblick treuherzig in die Runde, ob man einem so netten Kerl wie ihm und noch dazu einem so tollen Sänger eine so schreckliche Tat wie das Beiseiteschaffen eines Mordopfers zutrauen könnte. Man konnte. Trotzdem war er zwei Tage später wieder auf freiem Fuß.

Die ruppelige, manchmal geteerte, manchmal kopfsteingepflasterte Straße verlief bald nur noch auf Dämmen, die in der feuchten Dunkelheit erahnen ließen, dass sie über Wiesen und Äcker führten, die unterhalb des Meeresniveaus lagen. Ich konnte mich an den genauen Weg nicht mehr erinnern und bog nur deshalb nicht falsch ab, weil dazu gar keine Möglichkeit bestand.

Bis zum nächsten Abzweig waren es noch zwei Kilometer. An der Weggabelung faulte der aufgedunsene Kadaver einer toten Kuh so nah an der Fahrspur, dass eine Berührung mit der Karosserie unvermeidlich schien. Ich hatte mich nicht verfahren. Das war genau Joshs Art, Liebespärchen davon zu überzeugen, dass man das Auto fürs Schäferstündchen besser an einem romantischeren Ort parkte.

Kutowskis Blick ging zu dem schwarz-weißen Aas, und sein Gesicht verzog sich angewidert. Er konnte natürlich nicht ahnen, dass die Kuh in Wirklichkeit aus Polyester und ihr Innenleben nicht aus Maden, sondern einer Webcam mit Nachtsichteinrichtung und starkem Weitwinkelobjektiv bestand, Joshs Frühwarnsystem.

Ich blendete dreimal auf und fuhr dann im Schritttempo im Slalom um die in Tarnmustern gestrichenen Betonpylone herum, die jedes euphorisch heranpreschende Sondereinsatzkommando unweigerlich zwei Meter tiefer in die beidseitig verlaufenden Grachten befördert hätten.

Es war ein anstrengendes Geholper, und ich war froh, als wir wenig später die eigentliche Hofeinfahrt passiert hatten.

Josh erwartete uns vor der Tür seines verklinkerten Hauptgebäudes in Sweatshirt, Latzhose und Gummistiefeln. Man hätte ihn für einen typischen holländischen Bauern halten können, wäre er nicht mit seinen kaum Einssechzig und dem feuerroten Strubbelhaar eher ein nach Norden gewanderter Pumuckl als ein nach Süden verschlagener Friese. Immerhin brachte ihm seine Statur den Vorteil, auf das Passbild auch noch die Füße mit draufzukriegen.

Er begrüßte mich wie einen verlorenen Sohn und bat mich auf einen Jenever ins Haus. Kein Polizeispäher würde sich eine harmlosere Szene vorstellen können.

Kutowski, der mit den Nerven ziemlich runter war, ließen wir vorsichtshalber im Auto sitzen. Ich legte Josh kurz die Ausgangslage dar, und er ließ ohne große Fragen zwei Kerle in Arbeitszeug aus dem Nebengebäude kommen, die den Abtransport von Axel besorgten. Wohin, brauchte Kutowski nicht zu wissen. Das war gut für seinen Magen und damit entschieden besser für den Innenraum seines Wagens.

Josh dagegen hatte beste Laune, was angesichts seines Stundenlohns, aus Kutowskis finanzieller Zuwendung ermittelt, kein Wunder war. Deshalb konnte er sich mit Blick auf das fahl-versteinerte Gesicht meines Auftraggebers nicht den guten Rat verkneifen, der Mann möge mal was Vernünftiges essen, dann würde ihn so eine Lappalie auch nicht gleich umhauen. »Es ist alles eine Frage der Ernährung.« Und dabei lachte er sich über seinen Spruch halb kaputt, als er uns zum Abschied hinterherwinkte.

Ich beeilte mich, den Wagen vom Hof zu lenken, bevor er Kutowski seinen Insidergag erklären und doch noch dazu bringen konnte, seinen Benz vollzukotzen.

Die Methode, Gänse als Alarmanlage einzusetzen, ist über zweitausend Jahre alt, und Schweine zur Entsorgung von Leichen zu verwenden, wurde auch nicht von Hannibal Lecter erfunden. Die ist noch viel älter, wird aber immer wieder gerne aufgegriffen. So zum Beispiel auch vor rund hundert Jahren von einem amerikanischen Farmer namens Joseph Briggen, den Josh zuvor so humorig zitiert hatte. Dessen Schweinefutter bestand aus bindungslosen Herumtreibern, die er seinen Viechern so lange in den Trog packte, bis er auf Auktionen den Blue-Ribbon-Preis für die schönsten Borstentiere einheimste.

Als Beseitigungsmethode funktioniert die Schweinemast im Endeffekt nicht zuletzt deshalb so gut, weil diese Tiere stinken. Sie stinken so gottserbärmlich, dass sich kein Polizist darum reißt, im über die Stiefelränder quillenden breiigen Scheißematsch herumzustaksen auf den vagen Verdacht hin, hier noch eine uralte DNA herausfiltern zu können. Egal, welche Belobigungsurkunde ihm der Hoofdcommissaris auch überreichen würde. Und auch der täte das nur mit dem langen Arm des Gesetzes aus mindestens fünf Metern Entfernung und würde sich mit der anderen Hand die Nase zuhalten.

Außerdem leisten Schweine schon in kürzester Zeit ganze Arbeit.

Der schweigsam neben mir sitzende Kutowski, der sich auch ohne nähere Erläuterung ausmalen konnte, dass Axels Leiche nicht in einer Familiengruft beigesetzt werden würde, hatte so wenig mit dem Selfmade-Millionär unserer früheren Treffen gemein, dass ich diese günstige Gelegenheit nicht verstreichen lassen konnte, ohne wenigstens zu versuchen, Antwort auf die Fragen zu bekommen, die mich während meiner Tage in Den Helder bewegt hatten.

Ich wartete ab, bis wir wieder die Plastikkuh passiert hatten. »Wissen Sie eigentlich, was ich gerade für Sie getan habe?«

»Wie, was?« Er musste erst aus einer anderen Sphäre zurückfinden und ich meine Frage wiederholen. Aber auch dann noch verstand er mich nicht richtig. »Oh ja, natürlich, Sie haben meinen Hals gerettet. Ich werde ...«

»Das meine ich nicht. Ich habe gerade für Sie mehr Gesetze gebrochen, als ich überhaupt kenne. Und ich glaube, dafür schulden Sie mir ...«

Leute mit seinem finanziellen Hintergrund können anscheinend nicht anders denken. »Klar, selbstverständlich.

Machen Sie sich darüber keine Sorgen. Ich werde Sie so gut bezahlen, dass Sie ...«

Obwohl er damit mein Lieblingsthema angeschnitten hatte, musste ich ihn notgedrungen unterbrechen. »Sie missverstehen mich schon wieder. Sie schulden mir dafür einiges an Aufklärung. Der erste Mann Ihrer Frau hat sich in der Jagdhütte umgebracht. Jetzt auch der Sohn. – Der ist verschwunden, aber Sie wollen keine Polizei. Der wohnt tagelang in der Hütte, aber Sie gehen nicht nachsehen. Und dann noch dieser komische Abschiedsbrief. Das ist doch alles kein Zufall. Legen Sie endlich die Karten auf den Tisch, und bedenken Sie: Es ist für mich noch nicht zu spät, meine alten Kollegen zu informieren.«

Er versank wieder in diese Starre, die er eben bei Josh an den Tag gelegt hatte. Als ich schon meinte, neben mir eine Wachsfigur sitzen zu haben, legte er doch noch los.

»Die Hütte? An der Hütte war ich sofort am selben Tag. Aber da war nichts. Der Junge ist schlau.« Ihm fiel gar nicht auf, dass er von dem Toten im Präsens sprach, so gegenwärtig war die Situation für ihn. »Er ist schlau. Er ahnte, dass ich dort als Erstes hingehen würde. Danach ist er da eingezogen, weil er wusste, dass man da nicht mehr sucht, wo man schon gründlich nachgesehen hat.«

Es ging langsam, teilweise konfus, mit vielen Pausen, unvollendeten Sätzen und dem erkennbaren Bemühen, Verständnis für sein Verhalten zu erwecken und mich von seiner Unschuld am Tod von Maurice zu überzeugen. Ich hatte keine Lust, den Beichtvater zu mimen, aber ich wollte endlich die Zusammenhänge kennen. Deshalb hielt ich mitten auf dem einsamen Damm und ließ ihn reden.

Als er zu Ende war, ließ sich für mich Folgendes herausdestillieren: Maurice hatte sich schon seit frühester Kindheit sonderbar benommen und immer, wenn ihm was nicht passte, in die Märchenwelt geflüchtet. Der Selbstmord seines Vaters, das völlige Abdrehen der Mutter, die er abgöttisch liebte und die ihn mit steigender Rauschgiftsucht immer weniger wahrnahm, die räumliche Entfernung zum bewunderten Großvater und nicht zuletzt die dauernde, berufsbedingte Abwesenheit von Stiefvater Kutowski hatten seine Psyche über die Jahre so erschüttert, dass er sich mit einem Verzweiflungsakt endlich die benötigte Aufmerksamkeit zusammen mit dem Beweis holen wollte, dass ihn seine Familie noch liebte. Aber zu seinem großen Pech hatte er mit Unterstützung von Axel, der ihn in der Hütte versorgte und ihm Gesellschaft leistete, die Scheinentführung zu perfekt inszeniert. Er wollte nach ein paar Tagen gefunden werden, hatte aber alles getan, dass das nicht klappte. Stattdessen starb seine Mutter, und er gab sich, nicht ganz zu Unrecht, die Schuld an ihrem Tod. Also zog er die Konsequenz wie weiland sein Vater. Von seiner Mutter hatte er den Tick mit der Wiedergeburt übernommen. Vielleicht kam ihm sein letzter Schritt daher nicht ganz so endgültig vor. Aber auch insoweit hatte er sich geirrt.

Als dies alles aus Kutowski heraus war, wirkte er auch ohne meine Absolution so erleichtert, dass ich daran gehen konnte, mit ein paar weiteren Fragen einige lose Enden dieses Familienknäuels zu verknoten.

Was hatte Kutowski zum Beispiel dazu gebracht, die Hütte aufzusuchen, um dort die Leichen zu entdecken?

»Damals bei Maurice war es ein reiner Routinebesuch. Ich hätte einige Tage eher da sein können oder eine Woche später, wie gesagt. Und jetzt? Jetzt war es ein anonymer Anruf. Einfach nur der Satz ›Fahren Sie mal in Ihre Hütte!‹ Mehr nicht. Die Hütte ist für meine Familie ein solcher Unglücksort, da habe ich nicht lange überlegt.«

Dann waren die fernen Polizeisirenen doch keine Sinnestäuschung gewesen. Gott sei Dank hatte ich gerade noch schnell genug reagiert. Da wollte jemand, dass Kutowski zusammen mit der Leiche gefunden wurde, ihm einen Mord anhängen. Aber wer?

»Ich habe nicht den geringsten Schimmer, wirklich nicht.«

In einer Situation wie dieser lügt nicht einmal ein Baulöwe. Und die verschwundenen zwanzigtausend und das Fahrrad von Maurice?

»Vermutlich haben Sie Recht, dass Dorothea die Anruferin war. Die hat immer ein besonders enges Verhältnis zu Maurice gehabt. Wenn die doch bloß mit mir über ihre Ahnungen gesprochen hätte. Aber mich hat die von Anfang an abgelehnt. Für die war ich immer nur der Parvenü, so hat sie mich immer genannt, wenn sie meinte, dass ich sie nicht hören konnte. – Das Geld hat wahrscheinlich Maurice genommen, der wusste, wo es war. Bestimmt für Axel. Den hatte meine Frau ja auch angesteckt mit ihrem Hare-Krishna-Fimmel. Ich glaube, Maurice hat ihm das Geld gegeben für seine Unterstützung bei seinem, ja, was war es, ein Liebestest oder so? Das Fahrrad haben sie mitgenommen, um zum Einkaufen zu fahren.«

Mit mehr Zeit wären mir bestimmt noch einige ausgezeichnete Fragen eingefallen, aber wenn ich unseren Vorsprung vor der Polizei nicht einbüßen wollte, mussten wir mit der Spurenbeseitigung weitermachen, und zwar schnell. Außerdem wollte ich es auf eine solche Weise tun, dass die Polypen keine Lust mehr hatten, hinter meinem Auftraggeber – und damit auch hinter mir und Josh – herzuschnüffeln. Eine Behörde reagiert oft genug wie eine eitle Diva, sie hat Angst vor einer Blamage. Auf diese Erkenntnis gründete sich mein Plan.

»Die Jagd auf Sie ist noch nicht abgeblasen. Wir sollten uns lieber beeilen. Die Chance ist sowieso nur hauchdünn, aus der Sache glatt herauszukommen. Und wenn, dann haut das nur hin, wenn wir keine Zeit verlieren und Sie keine unnötigen Fragen stellen, sondern einfach das tun, was ich Ihnen rate. – Also, haben Sie zufällig eine Schaufensterpuppe oder etwas Ähnliches parat?«

Kutowski glotzte so verständnislos, dass ich gar nicht erst nachhakte.

»Okay, wissen Sie wenigstens noch, was ein Bacchus ist?«

Seine Miene änderte sich nicht, aber wenigstens nickte er jetzt.

»Gut. Dann beerdigen Sie ihn!«

Ich entwickelte ihm meinen Plan, und er war schlau genug, mich nicht zu unterbrechen.

* * *

Natürlich war ein zweiter Anruf gekommen. Und natürlich hatte er die Polypen dahin dirigiert, wo man den Boss einer Baufirma erwartet, der pflichtschuldigst nach Mafiavorbild seine höchstpersönliche Leiche zu entsorgen hat.

Ich hatte am nächsten Morgen meine alten Kontakte fruchtbar gemacht und von der Pleite der Einsatzkräfte erfahren, die der anonyme Anruf zu Kutowskis Baustelle gehetzt hatte, die von seinem Wochenendhaus nicht allzu weit entfernt war. Im Industriebezirk von Trier war ein Lagerhaus in Arbeit, dessen Fundament alle Toten des letzten Bauernkriegs hätte beherbergen können. Angeblich würde Kutowski sich dort einer lästigen Leiche entledigen, die der Polizei nur deshalb durch die Lappen gegangen war, weil sie bei der Jagdhütte nicht genügend Schnelligkeit an den Tag gelegt hatte.

Also ließ sich die alerte Nachtschicht nicht davon abhalten, die Scharte ihrer verschlafenen Tagkollegen wieder auszuwetzen. Tatsächlich trafen sie Kutowski dabei an, wie er mutterseelensolo eigenhändig um drei Uhr morgens damit beschäftigt war, eine frische Lücke im Betonboden zu schließen und die Oberfläche glatt zu streichen. Sie nötigten ihn ebenso beiseite wie die wenigen unvermeidlichen Reporter mit den Insidertipps beziehungsweise dem Scanner für den Polizeifunk, bauten ihre Scheinwerferbatterien auf und begannen, im halbsteifen Schlamm zu rühren. Richtig überirdisch erleuchtet sollen ihre Gesichter gestrahlt haben, als sie in zwanzig Zentimeter Tiefe auf Widerstand gestoßen waren. Umso dämlicher guckten sie aus der Wäsche, als sie einen alten Lumpensack mit Fußballkopf und Strohhut ans Licht holten.

Kutowski hätten sie am liebsten erschlagen, aber sie durften sich noch nicht mal ein »Sie sind ein gottverdammtes Arschloch, mein Herr!« abringen, denn schließlich hatte er sie nicht gerufen, und auf seinem Grund und Boden konnte er so lange biologisch einwandfreien Müll verscharren, wie er Bock hatte. Sie schluckten seine Erklärung, beim Deichbau hätte man schließlich jahrhundertelang aus Aberglauben immer ein lebendiges Tier mit eingegraben, und einer solchen Quälerei gegenüber sei seine Traditionspflege doch wirklich nicht verwerflich. Und nachts und heimlich musste er es tun, um sich nicht von seinen Arbeitern auslachen zu lassen.

So viele blöde Gesichter, samt und sonders von Behördenangehörigen, durften natürlich nicht publik werden. Also wurden alle Journalisten und ihre teuflische Steigerung, die Fotoreporter, vergattert, beim himmlischen Frieden ihrer ungeborenen Kinder gefälligst die Presse zu halten. Man brauchte ihnen nur mit ewigem Informationsboykott zu drohen, und schon gelobten sie immerwährenden Gehorsam.

Kurz, über den ermittlungstechnischen Schlag ins Wasser wurde der gnädige Mantel des Schweigens gebreitet, der Leser bekam wieder mal nichts von Belang serviert, den Abonnenten des *Trierischen Volksfreunds* entging eine lustige Meldung, und Kutowski konnte darauf hoffen, dass ihn die Ordnungsmacht aus Angst vor öffentlicher Schande bis zum Sankt-Nimmerleins-Tag mit ihren Nachstellungen verschonen würde.

Auch im Nachhinein freut es einen alten Mann wie mich immer wieder zu erleben, wie manipulierbar eine Behörde ist, wenn man sich nur ein wenig Mühe gibt.

9. Kapitel

Kutowski und ich ließen vorsichtshalber etwa zwei Monate verstreichen, bevor wir uns wieder ins Benehmen setzten. Und auch da wurde am Telefon ein harmloser Überprüfungsauftrag vorgeschoben, der die Gelegenheit bot, uns in einem kleinen Café in Bochum zu treffen, das ich seit langem kannte und das in jeder Beziehung wanzenfrei war.

Die weltmännische Gelassenheit unserer ersten Begegnung hatte sich bei ihm noch nicht wieder eingestellt. Trotzdem machte er auf mich den Eindruck, seine persönlichen Verhältnisse wieder im Griff und seine zeitweilige Erschütterung abgelegt zu haben. Nachdem ein paar Allgemeinplätze abgegrast waren, kam er zum Kern der Angelegenheit. »Haben Sie irgendeine Vorstellung davon, wer hinter dem Tod von Axel stecken könnte?«

Er redete weiter, während ich noch den Kopf schüttelte. »Ich habe mir das Hirn zermartert und alle möglichen Varianten durchgespielt. Aber alles gibt keinen Sinn, wobei ich von strenger Logik erst gar nicht reden will. Wenn die Uhr nicht wäre, dann vielleicht, aber so ...«

Ich trank meinen Schnaps mit einem Schluck aus und setzte das Glas präzise in den nassen Ring, den es auf dem verschrammten Holztisch vor mir hinterlassen hatte. »Da sind Sie mit Ihren detektivischen Aktivitäten aber ein ganzes Stück weiter als ich. Wie sähe denn Ihre Lösung aus – meinetwegen erst mal ohne Uhr?«

Er räusperte sich ein wenig und schob sein halbvolles Bierglas verlegen hin und her. »Na ja, sowieso keine Lösung, höchstens eine Theorie. Ich bin nur ein kriminalistischer Laie, und ich kann ...«

»Nur heraus damit. Berthold Schwarz war von Beruf Mönch und hat trotzdem das Pulver erfunden.«

»Also gut. – Was ist mit seinen Freunden? Mit Axels Freunden, meine ich.«

Jetzt, wo er sich entschieden hatte, seine Überlegungen zum Besten zu geben, streckte er sich, bestellte noch eine Runde, wartete, bis die Bedienung wieder gegangen war, und ließ dann die Katze aus dem Sack. »Soviel ich weiß, war Axel mit zwei komischen Typen befreundet, in Essen, da, wo er seine eigentliche Wohnung hatte. Ich hab sie mir damals angeguckt, als die Geschichte losging mit diesen Zetteln, Sie wissen schon, noch bevor ich Sie beauftragt habe. Wenn meine Frau nicht so ... so durchgedreht gewesen wäre, dann hätte ich mich über diese Typen wahrscheinlich noch viel mehr gewundert. Die ganze Aufmachung, die Bude von Axel. Die drei kamen mir so vor, als würden die immer unter einer Decke stecken und immer nur alles zusammen machen.«

Er sah mich erwartungsvoll an und wartete auf einen Kommentar, der aber nicht kam. Also brachte er es endlich auf den Punkt. »Nun ja, der Axel, der hatte doch jetzt auf einmal zwanzigtausend. Dem muss doch klar gewesen sein, dass er in seinem Leben nie mehr an so viel Geld kommen würde. Geteilt durch drei für seine Verhältnisse immer noch ein schöner Batzen, aber für einen Start in Asien braucht man schon den ganzen Pott. Und so, wie der verletzt war ... Das sah doch total so aus, als hätte man ihn gequält, um was zu erfahren, um etwas aus ihm herauszuholen. Vielleicht hatte er das Geld versteckt und wollte nicht teilen? – Könnte es nicht so gewesen sein?«

Ich überlegt kurz. »Und wieso hängt der Tote dann in Ihrer Hütte?«

»Weil sie es da gemacht haben. Die konnten davon ausgehen, dass sich nach dem Selbstmord von Maurice da so schnell keiner sehen lassen würde.«

»Das könnte eine Lösung sein. – Aber jetzt bringen Sie mal die Uhr in Ihrem Denkmodell unter.«

Er senkte die Stimme und beugte sich zusätzlich über den Tisch, obwohl ohnehin niemand in der Nähe saß. Außerdem hatte der Wirt, ein Stones-Fan, die Anlage gerade weiter aufgedreht, damit Herr Jagger auch jedermann davon überzeugen konnte, dass er trotz aller anderweitigen Versuche und Gelegenheiten keine Befriedigung erlangen konnte.

»Die könnte Maurice mitgenommen haben, als zusätzliche Geldquelle für Axel. Weil die beiden Kumpel das Risiko nicht eingehen wollten, die Uhr zu verhökern, haben sie sie Axel gelassen. Verstehen Sie, die würden doch eine Spur hinterlassen, wenn sie die Uhr des Toten an den Mann brächten?«

Richtig überzeugt war ich davon nicht. Andererseits konnte ich keinen Punkt seines Gedankengangs widerlegen. Deshalb, und weil wieder mal als bester Überredungskünstler das Geld hinter einem Auftrag steckte, ließ ich mich erneut von ihm anheuern.

»Suchen Sie die beiden und versuchen Sie herauszufinden, ob ich mit meiner Vermutung Recht habe. Dann bin ich endgültig von jedem Verdacht reingewaschen, und die Sache ist endlich voll und ganz erledigt. Vorher krieg ich ohnehin keine Ruhe, echt nicht.«

Er hatte mich richtig eingeschätzt, den Vorschuss in bar dabei, und die nächste Runde bestellt, bevor ich zum Nachdenken kam. – Okay, ich war sein Mann.

* * *

Dieser Fall, der eigentlich erst mit dem Tod von Axel einer geworden war, hatte mich von Anfang an irritiert. Es hatte nie etwas Greifbares gegeben, bei dem man mit solider Ermittlungsarbeit ansetzen konnte, immer nur Vermutungen und vage Verdächtigungen – und falsche Spuren en masse, wenn ich nur an die Konkurrenten vom Bau dachte.

Jetzt hatten wir einen Mord und nach Kutowskis Theorie sogar zwei potenzielle Täter. Bloß wie sollte ich die beiden mit dem Tod von Axel in Verbindung bringen, wo ich mich doch selbst nach Kräften bemüht hatte, alle Spuren zu verwischen? Sicher, würden meine Kohlenpott-Sikhs jetzt mit Geld um sich schmeißen, sprach einiges dafür, dass sie beim Ableben von Axel ihre Finger im Spiel hatten. Aber selbst dann war längst kein Beweis für ihre Täterschaft erbracht. Schließlich wusste jeder, dass die drei jungen Burschen immer ein Herz und eine Seele gewesen waren und alles geteilt hatten. Warum nicht auch das Geld, ganz freiwillig natürlich?

Daher konnte ich im Augenblick nichts Besseres tun, als die beiden ein bisschen zu observieren, um festzustellen, ob überhaupt Geld da war. Wenn ja, war ich nicht viel weiter, falls nein, gingen die Nachforschungen den Krebsgang. Denn wer sagte mir, dass Axel das Geldversteck ausgeplaudert hatte und nicht schon vorher gestorben war?

Fragen über Fragen, und meine Erfahrung ließ keinen Zweifel daran, dass ich mit ihrer Beantwortung auch nicht viel weiter kommen würde. Aber immerhin hatte ich einen zahlenden Klienten, und das ist eines Privatdetektivs höchstes Ziel.

Dies alles ging mir durch den Kopf, als ich in Essen im Billardsalon eine Straße hinter Axels Wohnung saß. Den Umständen nach war dieser Beobachtungsposten ganz okay.

In der Straße Im Stollen konnte ich nicht im Wagen warten, ohne sofort die Neugier der gesamten Nachbarschaft auf mich zu lenken. Und so hatte ich wenigstens die Gelegenheit, zwischen zwei anderen Bergmannshütten hindurch die Rückfront seines Hauses samt Eingang, der sich an der linken Schmalseite befand, im Visier zu behalten. Seine Bude machte einen noch schäbigeren Eindruck als bei meinem ersten Besuch, und von den beiden war nichts zu sehen.

Ich wollte keine Aufmerksamkeit erregen und hielt mich deshalb mit Fragen zurück. Stattdessen hockte ich vor meinem Bier und sah ein paar Spielern zu, die ihre eigenen Queues mitgebracht und ihren Sport offensichtlich ganz gut im Griff hatten.

Außer dem Zapfer, einem altmodischen Typ mit Fliege und brisk-frisiertem Haar, war sonst nur noch ein Mann anwesend, der von der Optik her hier nicht hinzupassen schien. Mit meiner alten Lederjacke, Jeans und dunklen Turnschuhen war ich in diesem Schuppen nicht der Schäbigste, aber auch nicht overdressed. Der Kerl dagegen wirkte in seinem grauen Anzug und dem Tuchmantel zwar nicht unbedingt wie ein aus dem Ei gepellter Theatergänger, aber viel zu konservativ, als dass er hier der Prototyp des Stammgastes wäre.

Ich schätzte ihn auf knapp vierzig. Das dichte, dunkle Haar war korrekt geschnitten, das glatt rasierte Gesicht überwiegend faltenfrei. Der Anzug und der Mantel verbargen einiges von seiner Statur, aber allzu viele überflüssige Pfunde schien er im Gegensatz zu mir nicht mit sich herumzuschleppen. Als er aufstand, gab ich ihm mit Schuhen nur gute einssiebzig.

Er selbst schien weder an sich noch seiner Umgebung etwas ungewöhnlich zu finden und bewegte sich so ungezwungen wie ein Vermieter, der bei einem periodischen

Routinebesuch nur mal überprüfen will, ob seine Kohle auch für die nächsten Monate gesichert und die Wohnung nicht völlig verwüstet ist.

Nach einer Weile nahm man ihn gar nicht mehr wahr.

Die Biere kamen, die Zeit ging. Nach über drei Stunden immer noch kein Piet und kein Eddie. Auch kein Mensch, der Interesse für Axels Wohnung zeigte. Wenn sich das die nächsten Tage nicht änderte, würde ich mir Aufputschpillen besorgen müssen.

Nach vier Stunden war ich mit den ausliegenden Zeitungen und den vielen bunten Werbeheftchen durch, die auf die kulturellen Veranstaltungen im Industriepark Nord hinwiesen.

Der Graue hatte inzwischen einen Strammen Max verzehrt und etliche Tassen Kaffee getrunken. Alkohol rührte er nicht an. Was mit ihm los war, merkte ich, als er mit den Spielern, denen er zuletzt neugierig zugesehen hatte, ein Gespräch anfing und die Sache so geschickt drehte, dass sie ihn ganz natürlich zu einer Partie einluden.

Er bemühte sich zwar um eine etwas ungelenke Vorstellung, aber die Art, wie er das Queue hielt, ließ bei mir keinen Zweifel aufkommen. Er war ein Billard-Profi.

Die ersten drei Runden wurde um Bier beziehungsweise Kaffee und fünf Euro gespielt. Er verlor zwei und fädelte seinen einzigen Sieg so ein, dass sein Gegner bei deutlicher Feldüberlegenheit »nur mit Pech« die schwarze Acht vorzeitig versenkte.

Zwei zu eins ging es auch aus, als um zwanzig Euro gespielt wurde, und null zu drei, als die dummen Kälber endlich auf hundert erhöht hatten. Er schmiss noch zwei Runden, um seine Opfer für das nächste Schlachtfest bei Laune zu halten, und zog dann ab.

Rechnete man die Getränke und seinen Strammen Max runter, blieben immer noch über zweihundert cash. Keine schlechte Nettoeinnahme für einen, der den ganzen Tag in einer Kneipe herumhängen und seinem Hobby frönen durfte.

Ich war gespannt, ob er morgen wieder auftauchen würde. Vielleicht konnte ich so auf meine Pillen verzichten.

Tatsächlich, am nächsten Tag war er wieder da. Und es hatten sich sogar einige Neue eingefunden, die von seinen gestrigen Großtaten erfahren hatten und sich für toll genug hielten, es mit ihm aufnehmen zu können.

Ich war ebenfalls rechtzeitig eingetroffen, so rechtzeitig, dass ich meinen alten Platz am Fenster ergatterte.

Diesmal wurde auf das Anködern mit dem Anfängereinleitungsgeplänkel verzichtet, die Neuankömmlinge vereinbarten mit dem Grauen fünfzig Euro pro Partie, die sie prompt viermal hintereinander abliefern durften. Man einigte sich auf hundert, und von den folgenden drei Spielen gingen alle an den Champion.

Der Laden fing an, mir Spaß zu machen. Ganz nebenbei, als ich mir draußen mal kurz die Füße vertrat, stellte ich fest, dass die Türklinken von Axels, Piets und Eddies Behausungen auch weiterhin in jungfräulicher Unberührtheit dahinvegetierten.

Der dritte und der vierte Tag der Poololympiade brachten neue Gegner, aber alte Ergebnisse, dann war die Woche nach gastronomischer Zeitrechnung um und es folgten zwei Ruhetage.

Am Mittwoch ging die Chose weiter, wie sie aufgehört hatte. Der Graue heimste seinen Obolus ein, die beiden waren nicht in Sicht.

Am Freitag fiel mir auf, dass sich drei Personen in der mittlerweile gut frequentierten Kneipe aufhielten, die sich, wenn ich meiner Beobachtungsgabe trauen durfte, für mich mehr interessierten als für die Spiele, die sich auf alle Tische ausgedehnt hatten und so für umsatzfreundlichen Trubel sorgten.

Ich hatte mir die Haare nicht grün gefärbt und auch keine Loriotsche Nudel am Kinn. Deshalb konnte ich mir nicht vorstellen, was mich so betrachtenswert machte. Egal, es war jedenfalls Anlass genug, die Typen näher in Augenschein zu nehmen.

Alle drei waren an der Schwelle zum so genannten mittleren Alter und durchschnittlich-unauffällig gekleidet. Einer hatte einen so nichts sagenden Gesichtsausdruck, dass er entweder vom Geheimdienst oder der Vater von Axel hätte sein können. Die beiden anderen Weißblonden mit dem schütter werdenden Haar ähnelten sich wie ein Ei dem anderen. Allerdings wie ein Hühnerei einem Straußenei, denn der eine war zwanzig Zentimeter größer als der andere. Ich hielt sie trotzdem für Brüder.

Und da wir schon mal bei Ähnlichkeiten sind – der nächste Tag verlief genauso wie der vorherige. Bis auf eine gravierende Abweichung, die kurz vor elf ihren Anfang nahm.

Die Gäste samt Wirt hatten sich am hinteren, dem größten Tisch versammelt, an dem nun zwischen dem Grauen und einem extra aus Castrop angereisten Billardcrack die so genannte Königspartie gespielt werden sollte, ein Spiel um doppelten Einsatz.

Nur ich blieb an meinem Tisch sitzen, und zu mir gesellte sich – oh Wunder – das kleinere Ei, das betont lässig mit seinem Bier in der Hand zu mir rüberschlenderte. Der Kerl grinste mich an, setzte sich unaufgefordert, und kam auch sofort zur Sache.

»Sie schnüffeln hier rum, hab ich gehört, und das sollten Sie lieber lassen!«

Die Situation wirkte so filmreif auf mich, dass ich mit einem passenden Spruch antworten und ihm erklären wollte, dass Schnüffeln nun mal mein Beruf sei. Auf jeden Fall wollte ich ihn zum Weiterreden ermuntern, war er doch der einzige Aufhänger für meine Tätigkeit, der sich mir seit über einer Woche bot.

Ich weiß im Nachhinein nicht, zu was für einer Entgegnung ich genau angesetzt habe, und kann nur vermuten, dass ich meine Einleitung mit einem Kopfschütteln garniert haben musste. Damit jedenfalls hatte ich unbewusst die Weichen für das Kommende gestellt.

Der kleine Mann beugte seinen Kopf zu mir herüber, schräg, eine demonstrative Geste des Nachdenkens. Um sie zu unterstreichen, kratzte er sich mit rechts am Hinterkopf. »Es ist wirklich sehr bedauerlich, dass du dich so wenig kooperativ zeigst, Amigo, wirklich sehr bedauerlich.«

Dabei wurde seine Stimme immer leiser. Ich machte den provozierten Fehler und beugte mich zu ihm vor.

Ohne seine Haltung irgendwie zu verändern, knallte er mir den Ellenbogen auf die Kinnspitze. Es war ein Schlag, der mich fasziniert hatte, seit Robert Webber in *Bringt mir den Kopf von Alfredo Garcia!*, ohne sie dabei anzusehen, eine mexikanische Nutte weggehauen hatte, als sie ihm zwischen die Beine griff. Ich hatte nie geglaubt, dass so was auch im täglichen Leben funktionieren, jemand auf so kurzem Wege so viel Druck machen könnte.

Mit letzter Überlegung wollte ich alles korrekt über die Bühne bringen und mich selber auszählen – acht, neun und aus. Ich kam nur bis drei.

Lange kann ich nicht weggetreten gewesen sein, denn das Spiel am großen Tisch war noch in Gang, als ich mich wieder hochrappelte. Da ich nicht auf die Erde gefallen war, sondern nur mit dem Oberkörper auf dem Tisch hing wie ein stiller Zecher, der seinen Rausch regelmäßig so ausschläft, hatte keiner von dem Vorfall Notiz genommen. So kurz die Zeitspanne auch war, sie hatte den drei Schlagetots genügt, sich in Luft aufzulösen.

Ich ging mit leicht unsicheren Beinen zur Toilette, um im Spiegel festzustellen, dass ich innerlich ramponierter war als äußerlich. Mein seelisches Gleichgewicht war weniger durch die Schlagwirkung ausgehebelt worden als durch das Bewusstsein, dem kleinen Ei wie ein dämlicher Anfänger auf den Leim gekrochen zu sein.

Dem Gegröle, das durch die Klotür drang, ließ sich entnehmen, dass wieder der Graue gewonnen hatte, heute aber zu keiner Revanche mehr bereit war. Diese konsequente Haltung, von den Dilettanten als Unfairness abqualifiziert, würde bis zur Schließung des Lokals für anhaltendes Tohuwabohu sorgen, sodass ich es vorzog, mich auf den Heimweg zu machen.

Den Wagen hatte ich während der ganzen Tage ein gutes Stück die Hafenstraße runter auf dem Parkstreifen vor einem Speditionsgelände abgestellt, um in der Kneipe nicht den Eindruck eines Ortsfremden zu erwecken. Als ich die halbe Strecke zurückgelegt hatte, hielt ich meine Idee nicht nur deshalb für Bockmist, weil es kalt war und ein leichter Dauerregen fiel, sondern weil nur zehn Meter weiter die ungleichen Eier aus dem Schlagschatten eines unter einer Laterne geparkten Lkw-Anhängers traten und mir den Weg versperrten.

Ein Blick über die Schulter überzeugte mich von der Aussichtslosigkeit eines ungeordneten Rückzugs, weil dieser Fluchtweg schon von ihrem Kumpel blockiert wurde, der passend zu seinem schiefen Grinsen ein gemeines Stück Elektrokabel in der Hand hielt.

Die drei behielten einfach ihre Position und freuten sich über die blöde Maus, die mit ihrem leicht angeschlagenen Schädel so trottelig in die Falle getapst war.

Das sah alles sehr nach einer Schädelfraktur, nach ramponierten Rippen und einem mehrmonatigen Hospitalaufenthalt aus, den meine Krankenversicherung schon deshalb nicht übernehmen würde, weil ich keine abgeschlossen hatte.

Schöne Scheiße! Links und rechts lückenlose, unüberwindliche Metallzäune mit zurückliegenden, kaum beleuchteten Firmengebäuden dahinter, die zu dieser Zeit wie ausgestorben waren. Vor und hinter mir die Mühlsteine, die nun näher zusammenrückten und ihre Freude, mich zu zermahlen, schlecht verbergen konnten. Kein Durchgang, durch den ich hätte flitzen, kein offenes Tor, hinter dem ich mich hätte verschanzen können.

Ich drückte mich links mit dem Rücken an ein Gitter, um wenigsten alle gleichzeitig im Blick zu haben. Als ich in meiner Verzweiflung noch den untauglichen Versuch erwog, die Scheibe eines nahen Bullis einzutreten, um mich in der Rostlaube zu verkriechen, brach der Typ mit dem Kabelende wie vom Blitz getroffen zusammen.

Er lag kaum auf dem Pflaster, da jagte ein Schatten an mir vorbei und holte das Straußenei mit einem Hieb in den Magen und einem anschließenden Ellenbogenschlag in den unfreiwillig präsentierten Nacken von den Beinen.

Ehe das Hühnerei überhaupt begriff, was da gerade passiert war, hatte der Graue mit einem Kopfstoß mitten ins Gesicht auch seine Schale angeknackst und so den letzten meiner Angreifer außer Gefecht gesetzt.

Alle Achtung, der Bursche war im Nahkampf noch besser als im Billard.

Und er machte höchst routiniert und ökonomisch weiter. Da er den Kleinen noch an der Jacke hielt, durchsuchte er diese und förderte einen Ausweis zutage, den er mir nach einer schnellen Sichtung rüberwarf. Der größere der Brüder trug statt irgendwelcher Legitimationspapiere ein Klappmesser, das in den Gully wanderte. Der Lange, jetzt ohne Kabel, hatte ebenfalls einen Ausweis dabei, der auch bei mir landete.

Bis dahin war alles fast lautlos über die Bühne gegangen. Dann redete der Graue zum ersten Mal mit mir, seit ich von seiner Existenz wusste. »Bevor wir völlig durchweichen, sollten wir uns lieber in Ihren Wagen setzen, Herr Gregorius.«

Wir positionierten die drei unfreiwilligen Schläfer so auf dem Bürgersteig, dass für sie die Chance äußerst gering war, von einem betrunkenen Nachtschwärmer überfahren zu werden, machten uns mit schnellen Schritten auf den Weg und sprachen erst wieder, als wir im Auto saßen.

Mein Retter machte den Eröffnungszug, wie gewohnt präzise und ohne Schnörkel. »Ich heiße Frank Hamacher und bin ein Berufskollege von Ihnen aus Idar-Oberstein. Ein Herr Kutowski hat mich beauftragt, Sie im Auge zu behalten.«

Mich vorzustellen erübrigte sich. Er wusste meinen Namen und bestimmt alles über mich, was er sonst noch wissen wollte.

»Heißt das, Sie sollten auf mich aufpassen? – Schönen Dank übrigens, ehrlich. Ohne Sie wär ich satt im Arsch gewesen.«

»Oh, nichts zu danken, wirklich nicht. Hat mir richtig Spaß gemacht, das kleine Intermezzo. Die Flaschen waren aber auch keine echte Herausforderung. – Aufpassen? Nun, das hat er so nicht formuliert. Ich sollte beobachten, was Sie tun und was sich um Sie herum ereignet. Das ist alles. Natürlich ohne dass Sie was davon merken. Aber als sich die Lage eben so zuspitzte, konnte ich nicht anders. Damit dürfte mein Auftrag wohl zu Ende sein. – Kennen Sie übrigens diesen Dittrich oder Merten?«

Dittrich, Merten? Ach ja, die Ausweise. Ich schaltete die Innenbeleuchtung ein und sah mir die Papiere an. Die Bilder waren relativ neu, aber weder sie noch die Namen sagten mir irgendetwas. Ich schüttelte stumm den Kopf. Vorsichtshalber notierte ich mir noch die Adressen.

Hamacher sackte die Ausweise ein. »Na, dann werd ich mal losziehen. Falls noch was ist, ich steh im Telefonbuch.« Nach ein paar Schritten war er in Nacht und Regen verschwunden.

Ich blieb noch eine Weile sitzen, hatte aber nur wirres Zeug im Kopf. Es war vernünftiger, die beschlagenen Scheiben freizuwischen und nach Hause zu fahren. Es war einer der seltenen Momente in meinem Leben, in denen die Vernunft siegte.

* * *

Was hatte ich getan, dass sie auf »herumschnüffeln« kamen? Ich hatte in einer Kneipe gesessen, ein bisschen Zeitung gelesen, ein bisschen mehr Bier getrunken und nicht eine einzige blöde und schon gar keine schlaue Frage gestellt. Warum also »schnüffeln«? Doch nur dann, wenn diese Burschen wussten, dass ich die Bude von Axel und/oder Piet und Eddie observierte.

Und von wem konnten sie das wissen? Diese Frage konnte ich mir so oft stellen, wie ich wollte. Ich konnte sie drehen und wenden und ihr einen anderen Wortlaut geben. Aber auch wenn ich mich selbst drehte und wendete und sogar auf den Kopf stellte, es kam immer nur eine einzige zutreffende Antwort dabei heraus: keine Ahnung!

Ich weiß nicht, ob ich einfach nur zu dusselig oder mein momentaner Zustand schuld an meiner Ideenlosigkeit war. Zu viel Bier in der Billardkneipe, dann der Uppercut mit dem Ellbogen, und schließlich noch der enorme Adrenalinausstoß, als ich auf der einsamen Straße in der Falle saß. Da half es nicht besonders, dass ich zwei Aspirin genommen und mich gleich ins Bett gelegt hatte. Mir war immer noch schwummrig, und meine Gedanken wirbelten systemlos in meinem Kopf herum.

Eine schlaflose Stunde später konnte ich wenigstens wieder so klar denken, um zu erkennen, dass ich jetzt einen Whisky brauchte, und zwar einen ziemlich großen. Ich wankte ins Wohnzimmer, bediente mich direkt aus der Flasche und war kaum wieder im Bett, als ich in einen Traum hinüberdämmerte, in dem ich permanent von Baumaschinen, Radladern und gesichtslosen Gerüstbauern über Rohbauten und durch Baugruben gehetzt wurde. Trotzdem fühlte ich mich einigermaßen erfrischt, als ich vormittags gegen zehn von alleine wach wurde. Den Wecker zu stellen hatte ich natürlich vergessen.

Nach zwei Gläsern Milch und vier Scheiben Marmeladentoast fand ich mich fit genug, es mir in meinem Denkersessel bequem zu machen und es noch einmal mit einer intellektuellen tour de force durch die Puzzleteile dieses Falles zu versuchen.

Meinen Ansatzpunkt von gestern, nämlich die Frage »Wer konnte wissen, dass ich eine Observierung durchführte?«, also herumschnüffelte, fand ich gar nicht so schlecht.

Spontan fielen mir nur zwei Personen ein, an denen sich auch nach intensiverem Grübeln nichts änderte. Selbstverständlich Kutowski; denn von ihm stammte ja der Auftrag. Und natürlich Hamacher, der von meinem und seinem Klienten hinter mir hergeschickt worden war.

Beide konnten nicht das allergeringste Interesse daran haben, mir Schläger auf den Hals zu schicken. Wenn Kutowski irgendwelche Gelüste dieser Art verspürt haben sollte, für die mir nicht einmal der unwahrscheinlichste Grund einfiel, hätte er das besser direkt bei mir in Bochum erledigen lassen können. Dafür musste ich nicht gegen Honorar auf fremdes Terrain gelockt werden.

Zu einer möglichen Motivation meines Berufskollegen Hamacher fiel mir noch weniger ein. Klar, es gibt sie immer wieder in billigen Fernsehkrimis, diese gekünstelte Situation, dass der Auftraggeber der Schlägertruppe auch der spätere Retter ist, weil er sich so das Vertrauen des Opfers erschleichen will. Aber Hamacher wollte sich bei mir nichts erschleichen, er legte nicht mal Wert auf einen intensivierten Kontakt.

Die Amateurschlagetots brachten mich auch nicht weiter. Nach dem Verhalten aller gestern Anwesenden war offensichtlich, dass die drei in dem Lokal genau so neu wie ich und, wie die Entwicklung gezeigt hatte, ausschließlich meinetwegen da gewesen waren. Ich konnte ihnen natürlich zu Hause auflauern und sie ein bisschen durch die Mangel drehen. Aber nach dem gestrigen Vorfall waren selbst solche Typen wie die schlau genug, fürs Erste auf Tauchstation zu gehen. Sie hatten eine halbe Nacht und einen ganzen Vormittag Vorsprung. Bei denen vorbeizuschauen würde sich frühestens in einem Monat lohnen.

Und schon war ich wieder bei Kutowski, der, wie gesagt, nicht der Urheber der geplanten Abreibung gewesen sein konnte. Damit war meine unergiebige Knobelei auf eine perfekte Kreisbahn eingeschwenkt.

Als Filmdetektiv wäre ich jetzt in meinen Wagen gesprungen und Kutowski auf die Pelle gerückt, hätte ihn mir derbe vorgenommen und nötigenfalls aus ihm herausgeprügelt, warum er mich mit einem solchen Auftrag losgeschickt hatte. Ich war Realist genug, dieses Denkmodell sofort im Treteimer zu beerdigen. Ganz offensichtlich hatte mein Auftraggeber nicht vorgehabt, mich über die geheime Beschattung durch Hamacher zu informieren, der ihm bestimmt längst Bericht erstattet hatte. Also wollte Kutowski keine Auskunft geben, und ich als sein Lohnsklave hatte keine Mittel, seinen Sinn in eine andere Richtung zu biegen.

Aber was hatte ich falsch gemacht, was getan, dass ich bei dem hohen Herrn in Ungnade gefallen und ins zweite Glied seiner Detektive abgeschoben worden war? Den Tod von Maurice hätte keiner verhindern können, und darüber hinaus hatte ich gute Arbeit abgeliefert. Sogar mehr als das. Wenn ich nicht dafür gesorgt hätte, dass Axel selbst im Falle seiner Reinkarnation allenfalls als Schweineschnitzel wieder in Erscheinung treten würde, hätte sich Kutowski wegen des Leichenmobiles in seiner Jagdhütte in Teufels Küche wiedergefunden.

Es gab einfach keine befriedigenden Antworten auf meine Fragen. Deshalb machte ich das, was ich am besten kann: Ich spielte den Einsiedlerkrebs, zog mich in mein Schneckenhaus zurück und wartete ab.

Es tat sich tagelang nichts, absolut gar nichts. Am Ende der Woche kam ein Brief von Kutowski, den selber zu unterschreiben er sich nicht einmal die Mühe gemacht hatte. Auf einem von seiner Sekretärin abgezeichneten Firmenbogen wurde mir lakonisch mitgeteilt, dass mein Auftrag beendet sei. Gnädigerweise war ein Scheck über tausend Euro beigefügt.

Als ich den bei meiner Bank zur Einziehung abgeliefert hatte, unternahm ich wider besseres Wissen den halbherzigen Versuch, Kutowski an die Leitung zu kriegen. Seine Büros an Emscher und Mosel ließen sich zu der Auskunft herab, der Chef sei auf unbestimmte Zeit ins Ausland gereist. Das neue Dienstmädchen in seinem Privathaushalt sagte mir dasselbe.

Ein guter Anlass, es ihm gleichzutun. Kutowski ist Millionär, ich bin dagegen bloß ein besserer Taschengeldempfänger. Daher fiel meine Reise erheblich kürzer aus und führte auch nicht ins Ausland. Aber Kronberg würde mir gefallen, da war ich mir sicher. Sonst hätte sich das Städtchen nicht nach meiner schnellen Durchfahrt zu Bäcker so in meinem Gedächtnis festgesetzt. Also fuhr ich aufs Geratewohl los, besorgte mir eine private Unterkunft mit eigenem Eingang und Talblick, und beschäftigte mich ausdauernd mit der Speisekarte eines hutzeligen, urgemütlichen Lokals mit dem kuriosen Namen *Liebe Zeit*, das mir vom ersten Moment an gefiel. In der guten Taunusluft funktionierte auch mein Verstand irgendwie besser, hoffte ich jedenfalls.

Der wunderwirkende Effekt trat zwar nicht sofort ein. Aber als ich am zweiten Tag eine gehörige Portion Schweinelendchen in Metaxa-Soße verschlungen und dem Fleisch in meinem Magen ein letztes Bad in einem Meer aus Bickensohler und Weinbrand gegönnt hatte, war ich auf der richtigen Spur. Ich will gar nicht erst versuchen, das Ergebnis meiner Überlegungen als Erleuchtung zu verkaufen, dazu war der Euro zu langsam und nur in Centstücken gefallen. Doch immerhin hatte ich mir nun ein Bild gemacht, das mit der Realität in Kongruenz gebracht werden konnte.

Kutowski musste mich als Köder benutzt haben.

Meine monatelange Tätigkeit für ihn war kein Geheimnis. Deshalb hatte er mich mittelbar bei Axels Wohnung und folglich da platziert, wo ich über kurz oder lang den Leuten auffallen musste, die für dessen Tod verantwortlich waren. Ich war die Ziege, die an den Pflock gebunden war, und mein Herr Auftraggeber konnte in Ruhe abwarten, welche Monster aus dem Gebüsch brachen, um mich an seiner Stelle zu verschlingen. Über Hamacher würde er auf ihre Spur kommen und sich dann in Ruhe die Endlösung einfallen lassen.

Wahrscheinlich war die Sache für ihn dadurch vermasselt worden, dass Hamacher mich gerettet hatte. Vielleicht wusste er aber auch schon genug oder nahm an, genug zu wissen. Sei es, wie es sei, jedenfalls hielt Kutowski es für besser, erst mal zu verschwinden.

Dass ich in seinen Zukunftsplanungen keine Rolle spielte, hatte mir der Brief mit dem Scheck bewiesen. Der Mohr hat seine Schuldigkeit getan, der Mohr kann kaum noch gehen.

Es ist nicht der angenehmste Gedanke, mit der Erkenntnis leben zu müssen, dass man von seinem Auftraggeber nicht deshalb ausgesucht worden war, weil der einen für den besten Detektiv hielt, sondern für den blödesten.

Auf dem Rückweg kapierte ich sogar den vollen Umfang des Schlamassels, den ich da am Hals hatte, einen Fall ohne Auftraggeber und ohne Erfolg versprechende Anhaltspunkte, dafür aber mit der latenten Bedrohung meiner Gesundheit; denn wer garantierte mir, dass die drei rustikalen Mordbuben ihr Vorhaben endgültig aufgegeben hatten?

Die Quintessenz aus allem verhieß das schlimmste Schicksal, das einem Privatdetektiv drohen konnte: Ich musste ohne Honorar weitermachen.

10. Kapitel

Mit dieser Nemesis im Nacken legte ich mir auf der Autobahn einen Plan zurecht, der so dürftig war, dass ich mich fast dafür schämte. Ich würde zweigleisig fahren, zum einen mich mit der Person und dem Vorleben meines ehemaligen Auftraggebers beschäftigen, auf den ich stinksauer war, zum anderen mich nach dem Verbleib von Piet und Eddie umtun und sehen, ob sie mich in Bezug auf Axels Mörder weiterbringen würden.

Im Büro kramte ich als Erstes meine alten Unterlagen vom Lechtenbörger-Auftrag raus und schaute nach, wer mich damals mit Informationen zur Beleuchtung des Kutowskischen Hintergrundes am besten verproviantiert hatte. Ich stieß auf eine Frau Jörgens aus dem Personalbüro, die ebenso kenntnisreich wie mitteilungsbedürftig und obendrein einem kleinen Zuschuss zur Haushaltskasse nicht abgeneigt war. Eine Kombination, die das Herz eines jeden Ermittlers höher schlagen lässt.

Ich erreichte sie zwar nicht unter ihrer alten Privatnummer, bekam aber ihre aktuelle von der Auskunft. Die gehörte, wie sich schnell herausstellte, zu einem Anschluss in Monzelfeld. Frau Jörgens war also auch zu der neuen Filiale an die Mosel gezogen. Ich erwischte sie nach dem sechsten Läuten.

Sie erinnerte sich noch gut an mich, nicht zuletzt wegen meiner großzügigen finanziellen Zuwendung, und nachdem ich kurz umrissen hatte, worauf es mir ankam, verabredeten wir uns für den ihr nächstmöglichen Termin, den kommenden Samstag. Sie hatte da zwar schon, wie sie es formulierte, ein »Vereinstreffen der Bänkelsänger«, aber es würde niemanden stören, wenn ich dazustieße und sie »ein Viertelstündchen für einen Gast abzwackte«. Als Adresse nannte sie mir die Burg Pyrmont. »Die liegt nicht weit weg von der Burg Eltz, und die kennt ja wohl jeder. Fahren Sie über Roes, der Weg ist gut ausgeschildert. Das werden Sie schon finden.«

Na klar, was hatte ich noch mal für einen Beruf?

Einen Namen gab sie mir aber vorab, über den ich damals auch schon gestolpert war, den ich jedoch gleich ausgeklammert hatte. Jede Firma verfügt über eine Betriebsnudel, einen selbsternannten Alleskönner, eine Klatschtante, ein Mädchen für alles und so weiter. Und eine Baufirma verfügt ab einer gewissen Größe über mehrere Betriebsalkoholiker. Einer ist allerdings immer die Spitze, und das war schon zu Zeiten des alten Lechtenbörger ein gewisser Johannes Röll, genauer Jan, wegen seiner Liebe zu allem Maritimen. Noch genauer – und dabei kicherte sie kleinmädchenhaft aus dem Hörer – der »bekackte Jan«. Warum, das würde ich noch früh genug merken.

Er hatte mich früher nicht interessiert, weil mir an seriösen Informationen, an Tatsachen gelegen war. Ich wollte nicht die Dunstträume einer Dauerschnapsleiche zu Gerüchten adeln, die womöglich noch jemand ernst nehmen könnte. Jetzt brauchte ich jeden Strohhalm, an dem ich eine Ermittlung festmachen konnte.

Auch die gesündeste Firma verkraftet auf lange Sicht keinen Typen im Sieben-Tages-Koma, und schon gar nicht, wenn man bedenkt, welche Gefahr für Leib und Leben seiner Kollegen ein solcher Bursche unter Umständen darstellen kann. Den Job war er darum schon lange los. Nach Auskunft von Frau Jörgens, die ihn einmal zufällig in der Essener Innenstadt getroffen hatte, sollte er aber nur in der Vergangenheit leben und immer von seiner alten Firma geredet haben. Möglich, dass sich aus seinem Gewäsch etwas für mich Brauchbares herausklamüsern ließ.

Sie beschrieb mir seine Adresse, eine reguläre Wohnung konnte man das kaum nennen. Ein altersschwacher, zum Hausboot umfunktionierter Schlepper mit Namen Julia auf einem Seitenarm des Rhein-Herne-Kanals am Ende des Yachthafens von Herne.

Ich bedankte mich und machte mich auf, den romantischen Säufer noch vor Einbruch der Dunkelheit aufzutreiben.

* * *

Unterwegs fragte ich mich immer wieder, ob ich mich nicht schon viel eher mit meinem Auftraggeber hätte befassen müssen, befassen als dem Mann, der vielleicht doch nicht so koscher war, wie er sich gerne gab – und schon gar nicht das Opfer.

Kutowski war alles Mögliche, aber bestimmt nicht dumm. Der Anblick des toten Axel konnte ihn nicht nachhaltig geschockt haben, da war er durch den Fund seines halbverwesten Stiefsohns anderes gewöhnt. Hätte er also nicht, um sich aus der Schusslinie zu bringen, als Erstes die Uhr abnehmen und mich erst dann anrufen müssen? Oder hatte er schon einen Schritt weiter gedacht und gleich erkannt, dass ihn die Uhr letztlich entlasten würde?

Mist, ich war jetzt genau an der Stelle, an der die Logik in meinem Hirn herumflog wie die Kennedy-Kugel, von hinten durch die Brust ins Auge. Dass Kutowski Axel nicht umgebracht hatte, war sonnenklar; denn sonst hätte er ihn mir nicht auf dem Präsentierteller serviert, sondern eigenhändig ganz stickum seine Datscha samt Inhalt abgefackelt. Aber was bedeutete diese gottverdammte Uhr?

Vielleicht hatte ich zu wenig getrunken, sonst wäre ich eher auf den richtigen Ansatzpunkt gekommen. Die Uhr musste von jemandem so augenfällig drapiert worden sein, der wusste, dass man durch sie eine Verbindung mit Kutowski konstruieren würde. Das wiederum setzte die Kenntnis voraus, dass dieses Exemplar Kutowski gehörte, und die Absicht, es am Arm von Axel wieder auftauchen zu lassen. Wer von allen bekannten und unbekannten Personen erfüllte diese Qualifikation? Nur zwei Leute, die mir einfielen, nämlich Kutowski und ich. Und ich hatte die Uhr nicht bei Axel montiert.

War ich ein Kretin, weil ich mich in die Idee nicht verbissen, an der Stelle nicht weiter gestochert hatte? Scheißegal, hinterher ist man immer schlauer.

Mit dieser Erkenntnis ging auch die Hand in Hand, dass ich bei dem immer stärker werdenden Regen zwar die richtige Ausfahrt der A 42 genommen hatte, am Abzweig zu den Kähnen aber vorbeigefahren war. Also wendete ich und holperte in der hereinbrechenden Dunkelheit parallel zur Autobahn eine mit so genannten Berliner Kissen übersäte verkehrsberuhigte Zone entlang, die letztlich in einer Sackgasse im Hafengebiet endete. Ich fragte einen abgehärteten Angler, der mir die grobe Richtung zu einem von Unkraut und Büschen gesäumten Pfad wies, der runter zu einem mit Holzplanken befestigten Uferstück führte, an dem drei Kähne dicht nebeneinander festgemacht hatten. Julia, durch das Abblättern des »a« von den großen Gefühlen auf die nüchterne Bedeutung eines Monatsnamens reduziert, machte den mit Abstand bemitleidenswertesten Eindruck.

Ich ließ den Wagen nah am Wasser stehen – ein anderes Fahrzeug, dem ich damit den Weg versperrte, war nicht in Sicht – und balancierte über den wippenden Steg, was mehr einem circensischen Drahtseilakt als dem Betreten eines Bootes entsprach. Die Nummer auf dem zwanzig Zentimeter schmalen Brett war schon für einen Nüchternen kaum zu bewältigen. Ein Wunder, wie Jan das immer schaffte.

Ich benutzte mein Geschenk und Pentotalersatz, eine sündhaft teure Flasche Malt Whisky, als Balancierstange und erreichte heile schwankenden Boden. Weil Jan über kein Telefon verfügte, hatte ich mein Kommen nicht ankündigen können und es einfach auf gut Glück versucht. Ich wusste deshalb auch nicht, wie er meinen Wünschen begegnen würde, war mir aber sicher, dass er als bekennender Alkoholiker einem solchen Destillat keinen ernsthaften Widerstand würde entgegensetzen können.

Auf mein Klopfen rührte sich nichts. Nach drei vergeblichen Versuchen riskierte ich einen Blick durch die seit dem Stapellauf des Schiffes ungeputzten Scheiben, starrte aber nur mein eigenes Spiegelbild an.

Ich klopfte ein weiteres Mal und probierte dann einfach die Klinke, um nach zwei Schritten vor einem Tisch zu stehen, an dem das Ziel meines Besuchs zusammengesunken auf einem Schemel hockte. Jan war eingeschlafen, die leere Bierdose noch in der Hand.

Das gab mir Gelegenheit, mein Geschenk so zu platzieren, dass beim Erwachen sein Blick direkt auf das Etikett *Glenfiddich* fallen musste. Hoffentlich würde er sich erst für tot und in den Himmel aufgefahren halten, nachdem er meine Fragen beantwortet hatte.

Zufrieden mit meinem Arrangement setzte ich mich ihm gegenüber und trommelte so lange mit den Fäusten auf den Tisch, bis er seine trüben Augen öffnete. Ein Blick in diese angeblichen Fenster der Seele genügte mir. Ich kannte solche abgewrackten Totenvögel wie ihn, die von allen Drogen dieser Welt immer nur die miesesten abkriegten, und auch die nur, weil sie sie geklaut hatten.

Der Typ war am Ende. So einer traute sich nur in die abgepfiffensten Kneipen hinein und pinkelte selbst da nur in die Pissbecken, über denen das Schild *Defekt!* hing.

Anscheinend stand die Flasche zu nah und somit außerhalb der Fokussierfähigkeit seiner Augen.

»Was wollen Sie um diese bekackte Uhrzeit von mir? Da geht kein vernünftiger Mensch aus dem Haus. Dann noch dieses bekackte Wetter ...«

Ich bin ein Meisterdetektiv. Nach nur zweieinhalb Sätzen hatte ich herausgefunden. woher er seinen Namen hatte. Ich gebrauchte trotzdem lieber sein Alias. »Herr Röll, wie ich vermute?«

Diesen Namen schien er lange nicht gehört zu haben, denn nun brachte er seinen Oberkörper langsam vom Tisch hoch in eine halbwegs senkrechte Position. Jetzt konnte er auch die Flasche erkennen, allerdings immer noch nicht vollkommen realisieren, dass sie für ihn bestimmt war.

Ich tippte leicht auf die schwarze Geschenkummantelung und sagte. »Als Gegenleistung für ein paar unbedeutende Auskünfte.«

Auf dieser Basis kamen wir erstaunlich gut voran, wenngleich er »unbedeutend« zu wörtlich nahm. Ich erspare mir an dieser Stelle eine wortgetreue Wiedergabe mit Rücksicht auf den mehr als berechtigten Spitznamen meines Gegenübers. Außerdem vermute ich, dass nicht jedermann an der Geschichte interessiert ist, wie seinerzeit eine illegal beschäftigte Hilfskraft mit dem Gabelstapler aus Versehen in den nagelneuen Mercedes des Chefs gedonnert war. Wahrscheinlich will auch niemand die Story vom Polier hören, der ein Verhältnis mit allen Kantinenangestellten der Hauptniederlassung hatte, egal, ob weiblich oder männlich. Und es wird Sie wohl auch nicht sonderlich fesseln, dass die

Chefsekretärin Dorothea, auch heute noch in anderer Funktion in Diensten des Clans Lechtenbörger/Kutowski, den alten Obermotz Lechtenbörger jahrzehntelang anbetete, ohne ein einziges Mal von ihm erhört worden zu sein.

Der Knüller kam, als ich das Gespräch auf die Anfänge Kutowskis in der Firma lenkte, auf eine Zeit, als Jan, schon länger im Betrieb und noch nicht so ein exzessiver Säufer wie jetzt, gelegentlich mit Kutowski um die Ecken gezogen war. Beide spuckten nicht rein, beide träumten noch von dem, was die meisten als Zukunft bezeichnen, und beide malten sich in blauer Stunde das aus, was sie von ihr erwarteten.

Klar, dass man solche Pläne nicht mit dem Maßstab der Realität messen kann, aber manchmal steckt in ihnen ein Körnchen Wirklichkeitssinn. Und deshalb stimmte auch die eine uralte Thekenphantasie, an die Jan sich besonders gut erinnerte, weil Kutowski sie mehrfach wiederholt hatte, so fatal mit der Aktualität überein. Der bierselige Kutowski, jung, gut aussehend, kräftig, intelligent, hatte davon gesponnen, ein Ding einzufädeln, bei dem er als der große Retter auftreten und einen privaten Kontakt mit der Unternehmerfamilie herstellen könnte. Inszenierter Angriff auf den Boss, bei dem er die Feinde in die Flucht schlagen könnte, Entführungsversuch der Tochter, den er vereiteln würde, und so weiter. Wäre er erst mal »drin in der Sippe«, wie er es immer formulierte, würde die Firma bald ihm gehören. Jan hatte gelacht, Kutowski hatte gelacht und eine Runde gegeben.

Jetzt war Kutowski der Boss der Firma.

Ich hatte es eilig, nach Hause zu kommen.

* * *

Bis zum Samstag waren es noch zwei Tage, in denen ich nicht viel mehr tun konnte, als zu versuchen, Kutowski an die Leitung zu kriegen. Aber privat ging keiner dran, und im Büro schien seine Sekretärin zu einem automatischen Anrufbeantworter mutiert zu sein, der einen schweren Knacks hatte. »Herr Kutowski ist nicht im Lande und für Sie sowieso nicht zu sprechen.« Das war in voller Länge absolut alles, was ich bei drei Telefonaten aus ihr herauskitzeln konnte. Das Geld für weitere Anrufe würde ich besser versaufen.

Den Rest der Wartezeit schlug ich damit tot, dass ich mich bewusst ablenkte. Bloß keine Gedanken an baumelnde Jugendliche, verschwundene und wieder aufgetauchte Bonzenchronometer, ambivalente Klienten, und was die Welt sonst noch an Schrecken bereit hielt. Ich hatte Angst, mich in einen gedanklichen Irrweg zu verdröseln, aus dem mich auch ein richtiger Hinweis nicht mehr herausführen würde.

Stattdessen fuhr ich lieber zurück nach Brauneberg, ließ mir vom freundlichen Wirt des *Winzerstübchens* ein Zimmer geben, und war damit dem samstäglichen Treffpunkt schon beträchtlich nahe gekommen. So konsolidiert, war ich in der richtigen Verfassung, mir von meinem Winzermeister Heiner – ich war mittlerweile für ihn der Kurt »ohne Helm und ohne Gurt«, wie uns Frank Zander per CD-Player versicherte – die richtigen Tropfen bringen zu lassen. Es waren die zwei gehaltvollsten Abende meines Lebens, danach hatte ich den Spagat zwischen Bier und Wein geschafft. Sie bewirkten obendrein, dass ich alter Ruhrpottler mir hier an der Mosel nicht länger wie ein Alien vorkam.

Am Samstag war ich durch diese Form der Gehirnwäsche bereit, neue Informationen in mich aufzunehmen, ohne sie gleich in fertige Schubladen zu packen.

Die Fahrt zur Burg über die A 48 und dann in Richtung Roes verlief ohne nennenswerte Staus. Deshalb war ich so früh am Ziel, dass ich ausreichend Zeit gehabt hätte, vor dem Treffen das imposante Bauwerk noch in aller Ruhe zu besichtigen. Doch meine Verabredung, gewandet in ein hellblaues Schlabberkleid und mit einem tüllverzierten Monstrum auf dem Kopf, das mich stark an die Zuckertüte meines ersten Schultags erinnerte, erwartete mich bereits freudig winkend an einem sonnengewärmten Tisch im Burghof.

»Juhuuu, Herr Gregorius, hiiier! Ich habe Ihnen hier noch ein Plätzchen freigehalten.«

In Anbetracht der Tatsache, dass beide Nebentische unbesetzt waren, sicherlich keine allzu große Mühe.

Sie hatte sich seit unserem letzten Treffen nicht verändert. Das sagte ich ihr aber nicht, denn bei ihrem Aussehen bedeutete eine fehlende Veränderung nicht zwingend ein Kompliment. Wie viele fette Frauen hatte sie ein hübsches Gesicht. Der Rest von ihr war von einem solchen Volumen, dass kein Mensch sie umfassen konnte. Selbst ein Riesenkrake wäre sich bei dieser Aufgabe wie ein Contergankind vorgekommen. Das schien ihr inneres Gleichgewicht aber nicht zu beeinträchtigen, denn sie strahlte so viel Warmherzigkeit aus, dass ihr übriges Erscheinungsbild ihren Mitmenschen schnell gleichgültig wurde. Da sie zudem über eine angenehme Stimme verfügte, war sie für jede Firma die ideale Kummerkastentante, bei der jeder gerne den Kasten umging, um sich direkt bei ihr auszuweinen. Eine vom Schicksal vorbestimmte firmeninterne Geheimnisträgerin der Extraklasse.

Wir begrüßten uns wie alte Bekannte, und mein Geschenk, ein Kasten Weinbrandbohnen, garniert mit zwei deutlich sichtbaren Hundert-Euro-Scheinen, brachte ihre Augen zum Strahlen. Ihre gute Laune wurde aber gleich fragil, als sie meinen auf ihr überdimensionales Tortenstück gerichteten Blick als kaum verhohlene Kritik an ihrer Figur auffasste.

Deshalb lautete ihre erste Frage an den fast Unbekannten: »Finden Sie mich zu dick?«

Ich hätte der Ehrlichkeit halber mit einem klaren Ja antworten können, übersetzte meine Antwort aber lieber mit einem verbindlichen, von einem Kopfschütteln begleiteten »Frau Jörgens, Sie sehen aus wie ein präraffaelitischer Engel«.

Um alle Zweifel an meiner Lauterkeit zu beseitigen, bestellte ich für uns beide Kaffee und gleich noch mal Kuchen von ihrer Lieblingssorte »Käsesahne, ist ganz ausgezeichnet, müssen Sie unbedingt probieren«, und gab bei restaurierter bester Stimmung – zwei Bananenlikör taten ein Übriges – das Stichwort Kutowski. Danach war ich für eine halbe Stunde ein andächtiger Zuhörer.

Ich machte nicht den Fehler, ihr zu sagen, sie solle sich auf das Wichtigste beschränken. Dafür ist der Unterschied zwischen den Geschlechtern zu groß, und es konnte leicht passieren, dass sie mir nur noch von der Farbe seiner Anzüge und nicht von seinen Plänen, Äußerungen und Zukunftswünschen berichten würde. Vielleicht hätte ich dann auch nichts über das von Anfang an gestörte Verhältnis des Jungmatadors zur damaligen etablierten Chefsekretärin Dorothea, wie hieß sie doch gleich mit Nachnamen, ach ja, Merten, erfahren.

Ich musste husten und benötigte den Rest meines Kaffees, um einen ganz ausgezeichneten Käsesahneerstickungstod, den ich nicht unbedingt probieren wollte, zu vermeiden.

Unsere Dorothea trug also den Nachnamen Merten, der mir in so sehr unangenehmer Erinnerung war! Es gibt ihn zwar öfters in Deutschland, aber so oft auch wieder nicht, dass ich ihn hier für einen Zufall halten konnte. Außerdem gab es hier ja noch die bestinformierte Frau Jörgens. Doch, Frau Merten hatte zwar keine Kinder, aber wohl einen Neffen, nein, den Vornamen weiß ich nicht, aber der wohnt da bei Wittlich in diesem neuen Gewerbegebiet.

Stimmte mit dem Ausweis überein.

Mein Krümelmonster war wirklich sein Geld wert.

Wie ich weiter erfuhr, war Dorothea Kutowski ziemlich gleichgültig, sie aber schien ihn fast zu hassen, weil sie durch ihn auf lange Sicht die Position des angebeteten Firmengründers bedroht sah.

Und vor einem solchen Hintergrund war in dieser Welt der Wunder Dorothea Merten bei Manfred Kutowski Hausdame geworden. Interessant.

Das Geplapper meines Gegenübers verhinderte eine interne Computeranalyse dieser Fakten, aber ich stand schließlich nicht unter Zeitdruck.

Was mir Frau Jörgens sonst noch zu erzählen hatte, war ohne Belang. Es war mir von Herzen gleichgültig, warum sie sich einem Club von Gleichgesinnten angeschlossen hatte, der sich viermal im Monat in antiken Klamotten auf der Burg traf, um Lieder von hehren Frouwen zum Besten zu geben, wozu man Töne aus krummen Holzknüppeln quengelte und kalebassenartige Saiteninstrumente malträtierte. Weil ich sie mir aber für alle Eventualitäten warm halten wollte, ließ ich ihren Redeschwall über mich ergehen, bis er von selber versiegte.

Ich übernahm die Gesamtrechnung bei einem jungen Prinz Eisenherz, der die Geldkatze vor dem dünnen Bauch trug und Bezahlung in Goldrand verlangte, was, wenn man sich die Geldstücke einmal näher betrachtet, keine schlechte Umschreibung für den Euro ist. Gegen Einbruch der Dämmerung war ich zurück in meiner Weinstube.

11. Kapitel

Dorothea oder der Neffe, wer war zuerst dran? Schade, dass die Zeit lange vorbei war, in der man Weiber wie sie auf dem Marktplatz verbrannt hatte. Vorher wurden ihnen noch Daumenschrauben und Spanische Stiefel angelegt. Nur etwas mehr Brauchtumspflege heutzutage, und ich wäre überzeugt, die feine Dame hätte schon nach ein paar Minuten ausgepackt. Vielleicht sollte ich mich mal hinter die gute Frau Jörgens klemmen und ihrem Verein den Tipp geben, ihr Hobby zweckmäßigerweise um diese Variante der Freizeitgestaltung zu bereichern. Aber so saß sie sicher im Haus von Lechtenbörger, und ich musste erst den Moment abpassen, in dem ich sie alleine erwischen würde.

Das konnte lange dauern, und ich wollte endlich in der Sache vorankommen. Blieb also vorerst der Neffe. Mit etwas Glück könnte ich ihn in seinem Bau aufstöbern. Schließlich war einige Zeit seit seinem großen Auftritt verstrichen und nichts war ihm passiert. Gut möglich, dass sich die Ratte wieder aus ihrem Versteck in den heimatlichen Gully gewagt hatte.

Vorsichtig, wie ich nun mal bin, nahm ich zuerst sein Schlupfloch unter die Lupe, eine Adresse in Wittlich-Wengerohr. Bei meinem ersten Ausflug fuhr ich dreimal an seinem Domizil vorbei, weil ich immer nach einem Wohnhaus Ausschau hielt. Ich schaffte es jedes Mal bis zu einer Speditionsfirma, die, aus welchen Gründen auch immer, einen kompletten Jet im Vorgarten stehen hatte. Leicht zu merken – immer, wenn ich so weit war, war ich zu weit. Mein Fehler war, dass ich mir eine Bude vorgestellt hatte ähnlich wie die von Axel. Dies hier war zwar ein auf freiem Feld aus dem Boden gestampftes Gewerbegebiet im Schatten der omnipotenten Dr.-Oetker-Niederlassung, sprich eine Ansammlung von Geschäftsbetrieben. Trotzdem gab es auf den einzelnen Arealen hier und da Häuschen, die eindeutig nicht der Produktion oder Verwaltung neuer Erzeugnisse dienten, sieht man von der des eigenen Nachwuchses ab, doch es bestand kein Zweifel daran, zu welcher Firma sie gehörten. In so etwas lebte der Neffe aber nicht.

Ein bisschen Rumfragerei erleuchtete schließlich mein Hirn. Der Anführer der beiden ungleichen Eier hauste in der Einliegerwohnung einer Elektronikfirma, in der er als Hausmeister und Nachtwächter fungierte.

Die Nachtwächterkomponente erquickte mein Herz, bedeutete sie doch, dass solche Burschen zu nachtschlafender Zeit anzutreffen und dann obendrein in aller Regel ganz alleine sind.

* * *

Besuche bei Unbekannten erfordern immer eine gewisse Vorbereitung, jedenfalls dann, wenn sie von Wichtigkeit und Wert für die Zukunft sind. Da muss man schon gut überlegen, welches Mitbringsel die Hausherrin erfreut, ohne gleichzeitig den Ehemann vor den Kopf zu stoßen, da kann selbst der exquisiteste Champagner fehl am Platze sein, wenn der Beschenkte Vorsitzender der Ortsgruppe der AA ist.

Bei Merten fiel mir die Zusammenstellung meiner Einkaufsliste leicht. Ich benötigte Handschellen, die ich als taiwanesisches Produkt in verchromter Ausführung für wenig Geld in einem auf sado-masochistische Klientel ausgerichteten Sexshop in Trier erstand. Blumendraht, Klebeband und ein Paar Socken entnahm ich meinem eigenen Fundus ebenso wie eine beeindruckende Schrotflinte mit abgesägten Läufen, die mir ein glücklicher Förster als Dank für die von mir geschossenen Scheidungsfotos vermacht hatte. Als Futteral dafür diente ein länglicher Karton des mir so angenehmes Obdach gewährenden Weinguts Kriebs, in dem ursprünglich eine Magnumflasche Moselprosecco gesteckt hatte.

So ausgestattet fuhr ich in von Vorfreude beschwingter Stimmung durch Osann und Platten nach Wengerohr. An fast jedem Gebäude, an dem ich vorbeikam, verkündete ein Schild, wie herrlich man sich in dieser Gegend erholen könne. Nun, ich würde bald feststellen, ob dies auf jedermann zutraf.

Es war die Zeit der *Tagesschau*-Spätausgabe. Ich durfte mir also berechtigte Hoffnungen machen, den temporären Herrn des Hauses noch vor der Morgentoilette anzutreffen. Den Wagen ließ ich einen Block weiter stehen, und das Haupttor zum Hofgelände wäre auch für den kein Problem gewesen, der nicht so lange im Geschäft war wie ich. Weil, ganz wie erwartet, keine lästigen Zeugen in Sicht waren, konnte ich beruhigt den Zauberstab aus dem Karton holen, der alle Hindernisse und Widerstände verschwinden lassen würde. Dann drückte ich auf den Klingelknopf neben einer schmalen, ebenerdigen Tür aus Aluminium, wie es ein darüber angebrachtes Schild von den Besuchern verlangte. Ich war mir sicher, dass die Macht der Gewohnheit Merten daran hindern würde, sich darüber zu wundern, wie ich um diese Zeit überhaupt hatte so weit vordringen können.

Sobald sich die Tür auch nur einen Zentimeter geöffnet hatte, trat ich mit voller Wucht dagegen. Ich war im Korridor und hatte sie wieder verriegelt, als mein Sparringspartner von der Hafenstraße noch dabei war, sich vom Boden hochzurappeln. Ich hielt ihm den Schießprügel so dicht unter die Nase, dass er den Tod riechen konnte.

»Schnauze halten und ab ins Badezimmer.« Der Bursche hatte genug Filme gesehen, um zu wissen, dass ihn eine falsche Reaktion buchstäblich den Kopf kosten würde.

Bei unserer Prozession hatte ich endlich Gelegenheit, meinen Kontrahenten genauer in Augenschein zu nehmen. Groß war er, das musste man ihm lassen. Aber sonst war hier im Licht der Neonröhre nicht viel von einer Gefährlichkeit übrig geblieben. Von Form, Farbe und, was man aus kurzer Distanz deutlich riechen konnte, auch vom Odeur ähnelte sein Gesicht einem Pavianarsch. Die dünnen, überlangen Gibbonarme rundeten das Affenbild ab. Schwer vorzustellen, dass einer solchen Spezies überhaupt ein Personalausweis ausgestellt worden war.

Und so was hatte mich nachts in Angst und Schrecken versetzt.

Mehr aus Wut auf mich selbst als auf ihn stieß ich ihm die Läufe in den Magen und knallte ihm mit einem zweiten Schwung den Schaft an die vorschnellende Stirn. Als er halb bewusstlos auf den Fliesen vor mir lag und unkontrolliert mit den Gliedmaßen hampelte, fesselte ich ihm die Hände mit den Handschellen auf den Rücken, stopfte ihm die Socken – ich hatte gewaschene mitgenommen, ich bin kein Unmensch – in den Mund, den ich mit Klebeband verschloss, und zurrte seine Knöchel mit dem Draht zusammen. Anschließend hievte ich ihn über den Rand in die Badewanne.

Bevor mein Paket anfangen konnte zu strampeln, zog ich seine Füße hoch und verknotete den Draht mit dem Gitterschutz des Wasserüberlaufs. Hätte ich mich jetzt vom Acker gemacht, es wäre rechtstechnisch ein »Verlassen in hilfloser Lage« gewesen.

Natürlich dachte ich nicht daran abzuhauen. Ich wollte Auskünfte, keine Rache – oder doch? Jedenfalls fing der Spaß jetzt erst an.

Ich steckte den Stöpsel rein und ließ Wasser einlaufen. Kaltes, denn ich war der Ansicht, mit den sauberen Socken genug Humanität gezeigt zu haben.

Das brachte ihn wieder vollends zu Bewusstsein. Der Bursche grimassierte, soweit es das Klebeband zuließ, zerrte und zuckte ohne die geringste Chance, seine aussichtslose Position zu verbessern. Dabei klackerten die Handschellen ein bisschen auf dem Wannenboden, aber derartiges störte die nebenan lagernden Computer nicht.

Um die Demut meines Rückenschwimmers zu fördern, hantierte ich mit dem Fön herum und überprüfte ihn auf seine Tauglichkeit, was im Wesentlichen im Abmessen des Kabels bestand, das von der Steckdose bis zur Wanne reichen musste.

Auch der Pegel, der inzwischen das Kinn meines Opfers erreicht hatte, leistete seinen Überredungsbeitrag.

Zeit, einen kurzen Vortrag darüber zu halten, was ich alles wissen wollte und was geschehen würde, falls es dem Burschen einfallen sollte, um Hilfe zu rufen. Als ich ihm den Knebel herauszog, sprudelten seine Auskünfte schneller als das Wasser aus dem Kran über ihm.

Wenn man mir jetzt entgegenhalten sollte, dass es vernünftiger sei, mich um die Lösung des Falles zu kümmern, als meine persönlichen Gelüste durch eine private Vendetta befriedigen zu wollen, so ist das vollkommen richtig. Aber manchmal gibt es Situationen, in denen ich gerne Unrecht habe, sehr gerne sogar. Im Übrigen hatte ich das Angenehme mit dem Nützlichen verbunden.

Der Neffe wusste zwar nicht, warum Tantchen ihn und seine Freunde zur Strafexpedition gegen den unbotmäßigen Privatbullen gerufen hatte. Aber der Umstand, dass sie ihn gezielt nach Essen zu Axels Wohnung geschickt hatte, um mich abzufangen, war ein weiteres Teil in meinem großen Puzzle, über dessen Wert ich mir allerdings erst noch klar werden musste.

Wie auch immer, ich hatte den Esel geschlagen, jetzt war der Reiter an der Reihe.

* * *

Nach vier Tagen war es endlich soweit. Ich hatte mir in Veldenz abwechselnd in einem Gebüsch oberhalb des Hauses die Beine krumm gestanden und mir in meiner ausgekühlten Karre auf dem Parkplatz des *Rittersturz* einen abgeschnattert, bis Lechtenbörger auf den Trichter kam, sich gegen Abend von seinem Chauffeur abholen zu lassen.

Dorothea allein zu Haus.

Ich pirschte mich so unbeteiligt wie möglich an die Tür. Die Alte hatte den Mut, mir selber aufzumachen.

Bevor sie ihre Überraschung herunterschlucken konnte, war ich bis ins Wohnzimmer durchmarschiert und hatte mich in den Sessel gehockt, den ich für Lechtenbörgers Lieblingsmöbel hielt. »Ich glaube, zwischen uns zwei Friedensengeln gibt es einiges zu bereden.«

Ich weiß bis heute nicht warum, aber irgendwie hatte sie mein Erscheinen ganz schön aus der Fassung gebracht. »Sie ... Sie ... Sie unverschämter Mensch! Wie können Sie es wagen, hier ...?«

»Nun mal langsam, Drachenlady, wer sich hier einiges rausgenommen hat, bin ja wohl nicht ich. Ihr frisch gebadeter Neffe hat schon ein Geständnis abgelegt, was er und seine beiden Gehirnakrobaten mit mir anstellen sollten. Verständlich, dass Sie den Trottel in nichts weiter eingeweiht haben. Aber dafür müssen Sie mir jetzt die Fragen beantworten, als da wären ...«

Dass sie aus eigenem Antrieb gehandelt hatte, stand für mich außer Zweifel; denn Boss Lechtenbörger hätte in seinem geballten Perfektionismus eine so wichtige Sache wie Schnüfflerverprügeln nicht in Laienhände delegiert. Also stellte ich mir – und natürlich auch ihr – die Frage nach dem großen Warum.

»Weil Sie nur Unglück über die Familie gebracht haben. Seit Sie aufgetaucht sind, hat es nur noch furchtbare Dinge gegeben. Die Tochter vom alten Herrn ist tot, auch der Enkel ist tot, und den alten Herrn zerfrisst es innerlich vor Kummer. Sogar der Freund vom Enkel musste sterben, und Sie wollen immer noch nicht aufhören. – Sie haben einen Fluch über dieses Haus gebracht, Sie und Ihr Chef, dieser ... dieser«, ihr fiel kein schlimmeres Schimpfwort ein, daher blieb sie bei »Kutowski.« Dabei sprach sie den Namen so aus, als redete sie über ein Wesen, das an heißen Tagen den Abfluss einer Ferienhausbadewanne hochkrabbelt.

Ich hätte nicht mehr als Unverständnis geerntet, wenn ich sie darauf aufmerksam gemacht hätte, dass das Haus Lechtenbörger damit ja in den Rang von Dain und Usher aufgestiegen wäre. Deshalb schenkte ich mir jeden literarischen Exkurs genauso wie jede Frage nach dem Anlass ihrer Aversion gegen den Schwiegersohn des Angebeteten. Ich verstehe nichts von der weiblichen Psyche, aber immerhin so viel, um zu wissen, dass ich darauf von ihr selbst dann keine konkrete Antwort zu erwarten hatte, wenn ich sie mit glühenden Zangen gezwickt hätte. Wahrscheinlich auch deshalb, weil insoweit ihr Gefühl jede Rationalität überlagert hatte und sie selbst in Erklärungsnotstand gebracht hätte. Der Eindringling Kutowski war und blieb in ihren Augen ein Fremdkörper, ein Feind.

Also schaltete ich weiter auf der Skala der Klärungsbedüftigkeit. Was hatte der Neffe mir noch gesagt, sie sollten mich beschatten und in Essen abfangen, ich würde da die Wohnungen von Axel und seinen Freunden beobachten? Woher wusste die alte Schachtel das?

Auf meine entsprechende Frage zierte sie sich erst ein wenig, und ich musste ihr mit der Polizei und einem Leben hinter Gittern wegen ihrer von mir zum Mordauftrag hochstilisierten Neffenbeschäftigung drohen, um ihre Zunge auf Trab zu halten. Das wüsste sie auch nicht so genau, das müsste sie bei irgendeiner Unterhaltung aufgeschnappt haben, dass ich in Kutowskis Auftrag in Essen bei Axel und dessen Freunden sei, um – das Folgende war der von ihr daraus gezogene Schluss – die Familie gänzlich zu ruinieren.

Die Alte war so verbohrt, dass eine Fortsetzung der Inquisition nichts gebracht hätte. Zum Abschied gab ich ihr einen guten Rat, den sonst kostenlos so leicht keiner von mir bekommt. »Kümmern Sie sich um Ihren eigenen Kram und halten Sie sich aus Sachen raus, die Sie sowieso nicht kapieren und die Sie nichts angehen. Sie können froh sein, dass Sie noch mal so davonkommen.«

Frauen müssen immer das letzte Wort haben, insbesondere gehässige, erst recht dann, wenn ihre Pläne gescheitert waren, und obendrein, wenn sie sich für die Zukunft nichts mehr ausrechneten. »Ach, da soll sich wohl besser so ein Dummkopf wie Sie drum kümmern, der noch nicht mal was begreift, wenn man ihm das richtige Märchen aufgeschlagen hinlegt. Seien Sie lieber froh, dass die Jungs so gnädig mit Ihnen umgesprungen sind und Ihnen nicht die Beine gebrochen haben!«

Oha, da hatte das gschamige Burli im Familienkreis wohl mit den eigenen Blessuren hinterm Berg gehalten und eine bereinigte Fassung zum Besten gegeben, die den Fluss des Taschengeldes auch in Zukunft gewährleisten sollte.

Und dann noch Beine brechen! Wusste diese Xanthippe denn nicht, dass in meinem Metier die Stelzen wichtiger waren als bei Profifußballern? Ich war schon vorher von ihren dummen Sprüchen angesäuert, aber jetzt war das Maß endgültig voll.

»Wie nett. Sie sind ja eine wahre Florence Nightingale, wie Sie so um die Gesundheit Ihrer Mitmenschen besorgt sind. Und alles so selbstlos, weil Sie ja nur die honorige Familie Lechtenbörger schützen wollen. So uneigennützig. – Sie alte, vom Leben enttäuschte Schreckschraube! Dass ich nicht Ihretwegen im Krankenhaus liege, war reiner Zufall. Mein Kinn tut mir immer noch weh, wenn ich an den Abend im Billardsalon denke. Und wenn wir schon mal beim Generalreinemachen sind, bei Ihnen war es doch lediglich der Frust darüber, dass der Alte, jetzt, wo er so ganz alleine ist, nicht mit fliegenden Fahnen in Ihre Arme gerannt kam. Darauf haben Sie doch Ihr ganzes Leben lang gelauert.«

Da stand sie in ihrer gestärkten Antikuniform und zitterte vor Wut, weil ich den Nagel auf den Kopf getroffen hatte. Sie sah jetzt gar nicht mehr aus wie eine vielleicht überkorrekte, aber immer loyale Stütze der Familie, sondern wurde Lotte Lenya in ihrer Rolle als Rosa Klebb immer ähnlicher. Ich musste unwillkürlich auf ihre Schuhe gucken, ob sie mir mit einem Giftstachel vors Schienbein treten wollte.

Sie musste etwas Ähnliches gedacht haben, denn mit vorgerecktem, versteinertem Gesicht zischte sie mich an: »Und dafür würden jetzt Sie mir am liebsten eine runterhauen, Sie billiger Lohnsklave, hab ich Recht? Das verkneifen Sie sich doch nicht mit Rücksicht auf eine gute Erziehung, sondern nur, weil Sie hier konsequent Ihre lächerliche Rolle durchhalten wollen. – Na los, Sie Feigling, tun Sie sich keinen Zwang an, schlagen Sie mich doch, Sie Zwei-Groschen-Laufbursche!«

Ich bin bestimmt kein Typ, der den Weibern nach der Pfeife tanzt. Aber manchmal, in seltenen romantischen Momenten, greifen Gefühl und Stimmung so perfekt ineinander, dass ich mich ihrer Wirkung nicht entziehen kann und selbst ausgefallene Wünsche erfülle.

Sie lag noch auf ihrem Hintern, als ich die Wohnung längst verlassen hatte.

Wer jetzt von mir ein schlechtes Gewissen erwartete, ist schwer auf dem Holzweg. Ich dachte nicht an eine alte Frau, sondern an das, was sie mit mir vorgehabt hatte. Ich dachte an ausgeschlagene Zähne, gebrochene Knochen und einen sehr langen Krankenhausaufenthalt. Und wenn ich mir dann noch – viel schlimmer – den daraus resultierenden Verdienstausfall vor Augen führte, wäre ich am liebsten umgekehrt und hätte meine pädagogische Maßnahme wiederholt.

* * *

Auf der Rückfahrt dämmerte mir, dass ich damit am Prellbock des einen Gleises angekommen war. Blieb noch der andere Schienenstrang zu Piet und Eddie.

Aber wo sollte ich die beiden auftreiben, die so offensichtlich abgetaucht waren? Da ich keinerlei Ahnung hatte, über wie viel Geld sie verfügten, konnte ich auch nicht ungefähr abschätzen, wie weit sie gerannt waren. Ich setzte in mein Denkmodell zwanzigtausend als Maximalbetrag ein, die Höchstsumme, die sie bei Axel hätten abstauben können. Langte das bis nach Indien für zwei Mann ihrer Couleur? Wahrscheinlich. Aber es brauchte auch noch ein paar andere

Dinge, die sich auf die Schnelle nicht managen ließen. Pass, Impfungen und so weiter. Deshalb hakte ich die Traumstrände der Haschischbrüder relativ schnell ab.

Vordringlichstes Ziel war, sich zu verstecken. Und wo versteckt sich eine Kartoffel besser als zwischen Hunderten von Artgenossen in der Kartoffelkiste im Keller. Ihre Kartoffelkiste lag direkt vor ihrer Nase, Dortmund. Sie brauchten nicht mal ihre Frisuren zu ändern, höchstens die Haare ein bisschen grün oder blau zu färben, und schon würden sie in das Meer der anderen Idioten eintauchen.

Die Chance, sie dort aufzutreiben, war selbst für mich gleich Null. Eher würde ich den Haupttreffer im Lotto landen, als dass der Zufall mir einen von ihnen über den Weg schickte. In Diskotheken oder in ähnliche Läden, die für die beiden in Frage kamen, würde mich kein Türsteher lassen – wer will schon einen Opa zwischen den Ravern herumstolpern haben, der mit zugehaltenen Ohren nach seiner Enkelin sucht? Und hätten sie es sich in der Privatwohnung eines Bekannten gemütlich gemacht, war erst recht Sense.

Insofern hatte ich wieder nur den alten Ansatzpunkt; ihre Wohnung. Obendrein hatte ich den unerschütterlichen Glauben an die Macht des Geldes, und da ich jetzt nicht mehr verdeckt auftreten musste, stellte ich dem Wirt der Billardkneipe in einem kurzen Anruf hundert Euro für die Nachricht in Aussicht, dass die zwei wieder aufgetaucht sind.

Fünf Wochen später war ich mit dem Schein in der Tasche unterwegs nach Essen.

12. Kapitel

Schocktherapie.

Ich hatte die Schnauze voll von diesem Fall, der keiner war, ich hatte die Schnauze voll von allen realen und Pseudo-Auftraggebern, von allen Honoratioren, von allen Doktoren, allen Gerechten, allen Selbstgerechten, allen Heiligen und allen Scheinheiligen, die irgendwo, irgendwie und irgendwann mit dieser Sache zu tun hatten. Allen diesen Leuten hätte ich am liebsten einen dicken Haufen geschissen.

Aber ich hatte die untrügliche Ahnung, dass hier noch ein Batzen Geld einzuheimsen war.

Und irgendwann war es außerdem Zeit, der Wahrheit die Ehre zu geben, ich dummer Hund wollte endlich eine Vorstellung davon kriegen, was überhaupt gespielt wurde. Ich wusste nichts, schon gar nichts Genaues, aber ich war der festen Überzeugung, dass mich in dieser Sache jeder, der mir über den Weg gelaufen war, von Anfang an nur geleimt hatte. Deshalb war es jetzt höchste Zeit, Nägel mit Köpfen zu machen.

Nach meiner Überzeugung waren Piet und Eddie nur Randfiguren, wenn überhaupt. Es wäre verdammt schlecht, meine Wut an ihnen auszulassen. Also war ich um Selbstbeherrschung bemüht, Contenance, wie es mein teuer gebildeter Anfangsauftraggeber formuliert hätte.

Hoffentlich war meine Begrüßung noch akzeptabel. »Na, wieder zurück am heimischen Herd, die Herren Mörder?«

Ich hatte mir auf dem Weg nach Essen Gedanken gemacht, wie ich die Sache bei den beiden am besten angehen sollte, und mich für die Schocktherapie entschieden. Deshalb hatte ich als Erstes dem Wirt sein Geld gegeben und noch hundert draufgelegt. Dafür sollte er die Burschen fünf Minuten später anrufen und unter dem Vorwand in seine Kneipe rüberlocken, ein anonymer Gönner hätte ihnen ohne nähere Erklärung zwei Kästen Bier und vier Flaschen Schnaps spendiert, die für sie bereit stünden und abgeholt werden könnten. Ich hatte die Menge bewusst so gewählt, dass einer alleine sie nicht schleppen konnte.

Der Wirt hatte kaum seinen Anruf gemacht, als die beiden auch schon über die Straße kamen. Ich verließ mein Versteck im Eingang ihres Nachbarhauses und war bereits in ihrer Bude verschwunden, als man sie noch eine Straße weiter lautstark über die Identität des möglichen Spenders diskutieren hören konnte. Ich brauchte nicht mal mein vorsorglich eingepacktes Sesam-öffne-dich-Besteck in Aktion treten zu lassen, in ihrer gierigen Vorfreude hatten sie die Tür offengelassen.

So saß ich im Wohnzimmer im Sessel und grinste sie mit den bekannten Worten breit an, als sie ihren Fang reinbrachten.

Sie waren wirklich gebügelt. So viel überraschtes Unverständnis kann kein Absolvent eines Reinhardt-Seminars simulieren, ganz zu schweigen von meinen beiden Laiendarstellern. Bei ihren schlichten Gemütern hätte ich mir sogar leisten können, sie mit meiner Walther zu bedrohen, läge sie nicht wie die meiste Zeit in meiner Schreibtischschublade. Außerdem wollte ich eine souveräne Vorstellung abliefern und zog stattdessen mein Handy, um einen Schuss ins Blaue abzufeuern.

»Ihr armen Tagediebe habt ja auf einmal ganz schön viel Zeit gehabt, um euch in der Weltgeschichte rumzutreiben. Viel Zeit erfordert viel Geld, nämlich die zwanzigtausend, die ihr dem kleinen Axel abgeknöpft habt. Und dann habt ihr den Scheißer abgemurkst, damit er euch nicht verpfeifen kann.«

Da standen sie und glotzten kuhäugig und waren viel zu verblüfft, um wenigstens ihre Getränke abzustellen. Man konnte förmlich hören, wie die zahnlosen Räder ihrer Denkmaschinerie durchdrehten und ihre Ratlosigkeit immer größer wurde, je mehr sie sich Gedanken machten. Keine Frage, die hatten Axel nicht umgebracht, die wussten nicht einmal, dass er tot war.

»Und wenn ihr meint, dass ich auf dem Holzweg bin, dann habt ihr jetzt eine Minute Zeit, mich aufzuklären. Danach wähle ich auf diesem wunderbaren sprechenden Knochen eine mir wohlbekannte Nummer, was bedeutet, sofort haben euch die Polypen am Arsch, und ihr Junkies«, dabei wedelte ich mit einem Plastiktütchen voll Mehl, dass ich nur für diesen großen Auftritt abgefüllt hatte, »verschimmelt im Knast.«

Sie kamen nicht auf die Idee, dass auf der Packung wohl meine, aber bestimmt nicht ihre Fingerabdrücke sein konnten. Aus der bewilligten einen Minute wurde eine halbe Stunde.

Es musste nach meiner Schätzung einen Tag vor dem Verschwinden von Maurice gewesen sein, als sie Axel das letzte Mal gesehen hatten. Er war zu ihnen rübergekommen, total fickrig in einer Mischung aus Euphorie und Nervosität, und hatte einen Packen Geld auf den Tisch gelegt. »Zwanzigtausend sind das, glatte zwanzigtausend! Was meint ihr, was wir damit alles anfangen können?!«

Klar, dass sie ihn mit Fragen gelöchert hatten, dealst du jetzt mit dem Stoff, hast du die Kohle geklaut? Und so weiter. Aber Axel hatte keinen Zweifel daran gelassen, dass er das Geld ganz reell verdienen würde – deshalb wäre er auch die nächste Zeit nicht da – und sich ansonsten bedeckt gehalten. Von wem er die Kohle eingesackt hatte, damit wollte er schon gar nicht rausrücken. »Aber macht euch keine Gedanken, in ein, zwei Monaten ist alles gelaufen, und dann kommt für uns drei der Trip nach Kalkutta. Im Moment kann ich die Knete noch nicht groß anbrechen, ich weiß nicht, wie viel Auslagen davon abgehen. Aber es wird schon noch reichen, wenn ich wieder da bin. – Mir ist da außerdem so 'n prima Einfall gekommen. Kann sein, dass sich da noch en kleines Fässchen anstechen lässt, und wenn das richtig läuft, dann könn' wir uns da drüben für immer niederlassen.«

Damit hatte er bei den beiden den Nerv getroffen. Die Auswirkungen des Reichtums interessierten sie mehr als dessen Quelle, und also wurde für den nötigen Stoff gesorgt, und für den Rest des Abends faselte man nur noch vom gelobten Land. Schließlich schwebten alle drei dermaßen auf Wolke sieben, dass sie anfingen, die seligmachenden Scheinchen mit Zeichnungen indischer Gottheiten zu bekritzeln. Irgendwann waren sie dann alle eingepennt, wo sie gerade saßen oder lagen. Als sie am nächsten Mittag wieder zu sich kamen, hatte Axel sich bereits aus dem Staub gemacht und mit ihm die Kohle bis auf fünfhundert Euro, die er ihnen zur Versüßung der Wartezeit dagelassen hatte.

Danach hatten sie von ihm nichts mehr gesehen. Wohl aber gehört, denn eine ganze Weile später, wann, wussten sie nicht mehr, war bei ihnen ein völlig unbekannter Typ aufgekreuzt. »Totaler Normalo, echt. Hat gesagt, Axel schickt ihn. Der könnte noch nicht weg, aber wir sollten schon mal fliegen, hat er gesagt, und zwar schnell. Wir könnten ja schreiben, wenn wir was Gutes gefunden hätten, als Bleibe oder so, er käm dann nach, könnte ganz plötzlich sein oder so. – Und dann blättert der Typ vierzehn Mille in bar hin, ohne Scheiß. – Wir hatten ja immer schon davon gesponnen zu fahren. Da hatten wir uns auch schon alle Brocken besorgt, die man so braucht, mehr aus Quatsch oder so, Pass, Impfe und so. Und zwei Tage später warn wir weg.«

Eddie sah schon wieder richtig begeistert aus, und Piet ergänzte: »Vierzehn Mille und sechshundertfünfundachtzig Euro, so viel waren es ganz genau, die der Kerl da hingelegt hat.«

»Und wieso seid Ihr jetzt wieder da?«

»Na ja, so Kohle geht schnell weg, wenn man gut lebt. Wir, wir haben da gut einen drauf gemacht. Und der Axel, der hat sich nicht gemeldet, obwohl wir ein paarmal geschrieben haben, ehrlich. Da wollten wir mal gucken, was er macht – und ob er noch mehr aufgetan hat, Kohle, mein ich. – Überhaupt, was sollte das vorhin mit Herrn Mörder und so? Wo ist der Axel überhaupt, ist dem was passiert, hat den einer umgebracht?«

Ich zuckte die Achseln. »Wenn ich das wüsste, hätte ich mir dies Interview sparen können. – Und jetzt erzählt mir mal, wie euer spendabler Weihnachtsmann ausgesehen hat.«

»Nix Besonderes. Nicht jung, nicht alt. Wie eben einer so aussieht.« Diesem verbalen Phantombild von Piet hatte auch Eddie nichts hinzuzufügen. Also probierte ich es anders herum.

Ich beschrieb ihnen Merten. »Nee, der war nicht so dünn und hatte blonde Haare.«

Ich beschrieb ihnen das kleinere Ei, den netten Herrn Dittrich. »Äh, neenee, richtig blonde Haare, ganz dicht und dick.« Eddie zeigte dabei die Höhe der Frisur mit Daumen und Zeigefinger.

Ich wiederholte meine Beschreibung, nur zwanzig Zentimeter größer. »Nee, neenee, wie gesagt, ganz andere Haare.«

Wieder eine tolle Sackgasse. Ich konnte mich genauso gut vom Acker machen. An der Tür fiel mir noch eine letzte Frage ein. »Habt Ihr eigentlich nie daran gezweifelt, dass der Typ von Axel kam, der passte doch im Grunde gar nicht zu ihm?«

»Nee, der hatte doch das Geld von Axel.«

»Geld ist Geld, Mann. Dem sieht man nur an, dass es vom Staat kommt.«

»Hähä, aber nicht hier. Der hat uns das Geld von Axel gegeben, original die Scheine, hundertpro. Ich weiß das, ehrlich. Wir haben nämlich auf der Kohle herumgekritzelt, damals, hab ich doch erzählt, haben so indische Motive da draufgemalt, total. Aber nur 'n paar Scheine, und drei, vier waren wieder dabei, ich schwör. Der Typ hatte die Knete von Axel, geht nicht anders.«

Beim Abschied hatten sich die Jungs wieder so weit berappelt, dass Piet tatsächlich, wenn auch mehr im Scherz, die Frage wagte: »Wo Sie doch schon mit dem Sprit hier so großzügig waren, könnten Sie uns nicht vielleicht auch das Tütchen hier lassen?«

Ich warf das Ziel ihrer Begierde wortlos auf den Tisch in der Hoffnung, dass sie sich keine Kuchenallergie holen würden.

* * *

Und schon wieder hatte ich ein paar Mosaiksteinchen zur Lösung des Rätsels beigetragen. Der Witz war, ich wusste nicht, an welche Stellen die Scheißdinger gehörten.

Erstes Steinchen: Axel hatte das Geld aus dem Kutowski-Schreibtisch gehabt. Zweites Steinchen: Jemand hatte es Axel abgenommen und einen Teil – vermutlich den Rest, weil es eine krumme Summe war – Piet und Eddie gegeben.

Wie ich an den edlen Spender herankommen sollte, war mir schleierhaft. Also erst mal weg mit dem zweiten Steinchen und her mit dem ersten, das genauer examiniert werden musste. Was meine beiden Fakirfreaks über Axel wussten, bezog sich fast nur auf die zusammen verbrachte Zeit und die gemeinsamen Unternehmungen. Was übrig blieb, war so viel, dass es ein Goldhamster in der Backentasche wegschleppen konnte. Von seiner beruflichen Tätigkeit wussten sie so gut wie gar nichts.

Die Leute, die eventuell meinen Geist hätten erleuchten können, zum Beispiel Gisela, Maurice, Kutowski oder Dorothea, waren entweder tot oder aus anderen Gründen nicht gesprächsbereit. Das war sehr schade, denn wenn ich etwas mehr Licht ins Dunkel bringen und den Hintergrund des gemeinschaftlichen Aufenthalts von Axel und Maurice in der Jagdhütte erhellen wollte, musste ich mir die Frage beantworten, wie Axel an die zwanzigtausend gekommen war. Die ungleich schwieriger zu beantwortende Frage nach dem Warum stellte ich mir vorsichtshalber erst gar nicht, sie hätte mein Selbstbewusstsein als Detektiv zu hart angeschlagen.

Hatte Maurice das Geld genommen und Axel damit zu seinem Komplizen gemacht? Hatte Axel es ohne dessen Wissen geklaut, den Jungen mit irgendwelchen Geschichten manipuliert und war damit der oder einer der Drahtzieher der Scheinentführung? Hatte ein dritter das Geld genommen und es Axel zufließen lassen?

Die vierte Möglichkeit, dass die zwanzigtausend aus dem Schreibtisch nicht mit Axels zwanzigtausend identisch waren, schloss ich aus. So viel Zufall gibt es nicht mal im täglichen Leben.

Aber vielleicht ließen sich ja aus Axels Verhalten vor seinem Verschwinden mit Maurice brauchbare Rückschlüsse ziehen. Zugegeben, wieder nur ein Strohhalm, und obendrein ein verflucht dünner. Aber in der Not frisst der Teufel Fliegen.

Eingedenk unseres letzten vergnüglichen Nachmittags und meines willkommenen Mitbringsels war mein wandelndes Firmenlexikon auch jetzt gerne bereit, sich mit mir zu treffen. Der Einfachheit halber beließen wir es diesmal bei dem mir schon bekannten Café *Alter Moselbahnhof*, und auch jetzt war sie schon wieder da, obwohl ich selber eine Viertelstunde zu früh kam. Heute hatte sie sich über eine Eierlikörtorte hergemacht, bei der ich mich zur Beruhigung ihres schlechten Gewissens anschließen musste. Ich übergab unter Verzicht auf eine Pralinencamouflage die obligatorischen zweihundert und versetzte mein Gegenüber so in beste Stimmung. Im Gegensatz zu allen Bonsaikostolanys und ihrer vergeblichen Heilssuche bei Daimler-Chrysler und Telefonica hatte ich bei Frau Jörgens in ein beständig expandierendes Unternehmen investiert, sie wurde immer dicker. Doch auch sonst war das Geld bei ihr gut angelegt.

Nach dem üblichen Einleitungsgeschwätz brachte ich die Rede schnell auf Axel, wobei ich die Sache so drehte, als hätte ich den Auftrag erhalten, nach seinem Verbleib zu forschen. Alles war natürlich streng geheim, und sie legte mit Verschwörermiene unaufgefordert ein Schweigegelöbnis ab, von dem ich wusste, dass es zumindest so lange Bestand haben würde, bis die beiden Scheine aufgebraucht waren.

Besonderes förderte ich über meine Zielperson allerdings nicht zutage. Axel war teils in der Verwaltungsabteilung, teils im Lager der Firma eingesetzt worden und dort das gleiche farblose Jungchen, als das ich ihn in Erinnerung hatte. Über sein Privatleben, seine Vorlieben und Neigungen war so gut wie nichts bekannt. Seine Tätigkeit hatte sich im

Wesentlichen in der eines Laufburschen und Springers erschöpft. Zwar hatte es am Anfang einiges Gemunkel gegeben, als durchgesickert war, dass sich der Gründerenkel ihn als Lieblingsspielzeug ausgesucht hatte, aber das hatte sich schnell erledigt, als Axel entsprechend seltener im Betrieb auftauchte und selber keinen Kommentar zu der Angelegenheit abgab. Es bekam kurzfristig neue Nahrung, als Axel als Teilzeitbewohner der Kutowski-Villa mit an die Mosel übersiedelte, und flackerte wieder auf, als er sich gar nicht mehr sehen ließ, verstummte aber für immer, als er hochoffiziell als von der Firmenleitung gekündigt geführt und von der Gehaltsliste gestrichen worden war.

»Ich weiß noch, wie wir im *Ratskeller* das letzte Mal über ihn geredet haben. *Ratskeller*, das ist unsere Stammkneipe, von der Firma aus, so nach Feierabend, Sie verstehen? Wir hatten Sparkastenleerung und dabei kam dann das Gespräche auf ihn. Also der Axel, der hatte da selber keinen Kasten, wir kamen nur darauf, weil ihn seit Wochen keiner von uns mehr gesehen hatte. – Tja, das war dann wohl alles, was ich dazu sagen kann. Mehr fällt mir dazu bestimmt nicht ein.« Dabei schwang ein leichtes Bedauern über unwahrscheinliche zukünftige Treffen in ihrer Stimme mit, das ich gut nachvollziehen konnte; denn leichter kommt man kaum an zweihundert Euro. In meiner grenzenlosen Güte beeilte ich mich, ihr zu versichern, dass sie mich jederzeit wieder anrufen könne, wenn es etwas für mich Wichtiges in der Firma gäbe.

Wir tranken »aber ein Likörchen müssen wir zum Abschied doch noch nehmen«, dann machte ich mich in der Abenddämmerung auf den Rückweg, leicht angefrustet darüber, dass ich nichts Verwertbares erfahren hatte.

Wie blöd ich wirklich war, ging mir erst auf, als auf dem Weg zu meinem Wagen mein Blick auf das in einem Schaukasten an der Ufermauer ausgehängte Plakat einer Bank fiel, das für eine besonders zinsgünstige Anlage selbst minimaler Beträge bei nur einjähriger Laufzeit warb, und es klickte bei mir, sehr verspätet, auf das Stichwort Sparkästchenfest. Das findet nämlich üblicherweise erst relativ kurz vor Weihnachten statt, damit die fleißigen Hartgeldsammler auch pflichtschuldigst die Geschenke kaufen und ihnen keine Zeit mehr bleibt, den Reibach anderweitig zu verjubeln. Und da war Axel nicht nur verschwunden, sondern die Firmenleitung, sprich Kutowski, hatte prompt reagiert und ihn als endgültig ausgeschieden eingestuft. Das heißt, zu einem Zeitpunkt, als eigentlich kein Mensch wissen konnte, ob oder wie es mit Axel in der Firma weitergehen würde, war für meinen ach so ahnungslosen Auftraggeber Kutowski längst klar, dass Axel nicht mehr erscheinen würde.

In meiner ersten Wut machte ich mich auf den Weg nach Idar-Oberstein, ohne genau zu wissen, was ich dort überhaupt erfahren wollte. Als ich mich einigermaßen gefangen hatte, war ich vernünftig genug, mein Kommen telefonisch anzukündigen. Es hätte meine Laune nicht gesteigert, wenn ich die Strecke gefahren wäre und Hamacher nicht angetroffen hätte.

Ich war das erste Mal hier und überrascht, wie dörflich der ganze Ort wirkte, der mit seiner Diamantenbörse weltweit zu den wichtigsten Umschlagplätzen für Edel- und Halbedelsteine zählt. Dass sich hier alles um die Klunker drehte, hätte nach dem Passieren des Ortseingangsschildes dann allerdings ein Blinder mit seinem weißen Stock ertasten können. Schmuckladen an Schmuckladen, Kunst und Kitsch, Pretiosen und Ramsch in wildem Wechsel. Kein Geschäft, das nicht eine Achatscheibe oder einen Onyxteller im Fenster hatte, selbst wenn man nur mit Tierfutter handelte.

Hamachers Büro befand sich in einem kleinen zweigeschossigen Haus auf der Einkaufsstraße, das durch keine architektonische Spielerei aus der Reihe tanzte. Mir fiel nur auf, dass sich in den schwarz verhängten Fenstern des Erdgeschosses außer je zwei Salzkristalllampen nichts finden ließ, was auf den ortsüblichen Glitzerschnickschnack hinwies. Die Gegensprechanlage wurde von einem zierlichen, schmiedeeisernen Gitter kaschiert, und nachdem ich mich identifiziert hatte, öffnete sich mit dezentem Summen die antike, handgearbeitete Holztür. Der dahinter liegende Empfangsraum verdiente ebenfalls das Prädikat »untypisch«. Man hatte ein paar Wände herausgebrochen, die Zwischendecke zum Obergeschoss entfernt und die Mauern mit einem sehr hellen Holz vertäfelt, sodass alles wie ein überdimensionales Zelt wirkte, das von etlichen Halogenspots gleichmäßig ausgeleuchtet wurde. Hinter einem glasklaren Acrylschreibtisch, auf dem lediglich ein Handy und ein dickes Buch über Hundekrankheiten lagen, der ansonsten aber samt Schubladen von jeglichen Arbeitsattributen freigehalten worden war, damit der künstlerische Touch nicht beeinträchtigt wurde, saß eine Büromaus, die Hamacher direkt aus einer Bizarr-Disco herausgekauft haben musste.

Sie war mindestens einsfünfundachtzig groß, gertenschlank, mit einem leuchtendgrünen Hahnenkamm auf ihrem ansonsten kahlrasierten Schädel, und trug, meiner Blickrichtung folgend, schwarze Stiefel, schwarze Netzstrümpfe, einen schwarzen Minirock und eine schwarze Nappalederjacke. Ihr Lidschatten war – welche Überraschung – schwarz und kontrastierte prima mit dem sattroten Make-up auf ihren Wangenknochen. Willkommen in der Starwars-Serie zur zwölften Episode *Die Amazone der Jediritter*.

Nachdem ich wieder zu Atem gekommen war, korrigierte ich sofort meine Überlegungen hinsichtlich des Schreibtisches. Man hatte das durchsichtige Möbel von jedem Krempel verschont, damit die Aussicht nicht getrübt wurde.

Anscheinend kannte sie meine Reaktion schon von dem anderen männlichen Herdenvieh, das mit seinen Honorarzahlungen ihren Arbeitsplatz sicherte, denn sie ließ mir ausreichend Zeit, mich auf den Grund meines Hierseins zu besinnen.

Als ich endlich mein Anliegen unter Berufung auf meinen Anruf einigermaßen zusammenhängend herausgebracht hatte, verwies sie mich an eine Kneipe um die Ecke, in der ihr Arbeitgeber sich um diese Zeit seinen Feierabenddrink genehmigen würde. Nach seinem Auftritt im Billardsalon von Essen dachte ich an Tee mit Milch oder schwerere Geschütze wie alkoholfreies Bier. Ich wurde auch in dieser Hinsicht überrascht.

Ich musste ein bisschen laufen und schräg runter zur Durchgangsstraße, bis ich den Laden entdeckte. Das Lokal war verräuchert, klein, gemütlich und mit seiner dunklen Holzausstattung und den vielen Kinkerlitzchen, die jede freie Ecke einnahmen und sogar dem Staub in unserem toleranten Land ein Bleiberecht gewährten, einer der vielen Gründe, die meine Home-sweet-home-Philosophie so gefestigt hatten. Intensiv beleuchtet war nur der große Pooltisch, der den meisten Platz beanspruchte und an dem der Meister gerade im Kampf gegen sich selbst sein Können konservierte. Auf einem Handlauf an der Wand hatte er zwei frische Biere und zwei klare Schnäpse stehen.

Er schaute lächelnd zu mir rüber, zwinkerte mir zu und deutete mit dem Queue auf die Getränke. »Meine Tochter hat mich eben angerufen.«

Ich musste ihn mit der gleichen faszinierenden Mischung aus überschäumender Intelligenz und Erstaunen angestarrt haben wie 1969 das Mondkalb den Armstrong.

Nun musste er wirklich lachen. »Verblüfft? Dabei ist das Mädchen ein ausgesprochen bodenständiger Typ. Bea studiert Tiermedizin und hilft mir gelegentlich, meine Personalkosten in Grenzen zu halten. Okay, wenn ich sie und ihre Clique so ansehe, habe ich manchmal selber das Gefühl, in einer anderen Welt zu leben. Aber wenn sie dann mit mir um ihr Taschengeld feilscht oder neue Reifen für ihren Honda braucht, dann weiß ich, dass sich die Menschen nicht geändert haben. – Aber bedienen Sie sich doch, bevor das Zeug warm wird. Ich versenk nur noch die letzten Kugeln.«

Er war nach drei Stößen fertig, und wir setzten uns mit unseren Getränken in der um diese Zeit noch schwach besuchten Kneipe an einen freien Ecktisch. »Also, womit kann ich Ihnen weiterhelfen?«

Ich hatte ihn in Erinnerung als einen Mann, der die Sache auf den Punkt brachte. Daher redete ich nicht lange rum, sondern kam sofort auf Kutowski.

»Ich hab mir schon gedacht, dass Sie sich deswegen auf den Weg gemacht haben. Aber den hätten Sie sich sparen können, da hätte ein Anruf genügt. Was ich Ihnen damals in Essen gesagt habe, ist wirklich nicht nur alles, was ich dazu sagen kann, sondern auch alles, was ich dazu weiß. Der Auftrag war kurz und knapp, bleiben Sie an dem Mann dran und beobachten Sie, was passiert. – Wenn man ein Haus abzahlen muss wie ich, den Umbau haben Sie ja gesehen, und auch noch eine Tochter finanzieren muss, dann fragt man bei so einem harmlosen Auftrag nicht groß nach dem Wieso und Warum. Ich darf mir schmeicheln, dass ich nicht schlecht im Geschäft bin, Industrieaufträge hauptsächlich, aber wenn einem einer so deutlich Geld schenken will, dann wär ich ein Idiot, wenn ich Nein gesagt hätte. Und gezahlt hat Kutowski gut, verdammt gut.«

Der hatte ihn herzitiert, ihm einen Batzen Kohle in bar auf den Tisch gelegt und den Auftrag formuliert, wie ich ihn jetzt in Kurzform hörte. Hamacher hatte ihm nach dem Überfall Bericht erstattet und ihm die Namen der Angreifer gegeben. Das war's dann auch.

Er war fair genug, mir nicht aus dem Kreuz leiern zu wollen, warum ich so neugierig auf Kutowskis Beweggründe war. Ich rechnete ihm hoch an, dass er keinen Kollegen in Verlegenheit bringen wollte.

Wir plauderten noch ein bisschen über dies und das, bis ein paar Leute hereinkamen, mit denen er hier regelmäßig seine Billardspiele machte. Ich war ihm für seine Rettung von damals immer noch dankbar und sah keinen Anlass, ihn von seinem Freizeitvergnügen abzuhalten. Also ging ich nach dem wechselseitigen Versprechen, sich bei Gelegenheit mal zu treffen, wieder auf Tour.

Im Wagen wurde mir bewusst, dass die einzige wichtige Erkenntnis, die mir der Abstecher nach Idar-Oberstein eingebracht hatte, das Wissen war, wie unsere zukünftigen Tierärztinnen aussehen würden.

13. Kapitel

Damit hätte die Sache für mich endgültig erledigt sein müssen. Sicher, ich hatte nicht herausgefunden, wer der Mörder von Axel war, aber dazu hatte ich auch keinen Auftrag. Die Welt war voller Mörder, und die kannte ich ja auch nicht alle. Und als Trost blieb die Tatsache, dass ich unterm Strich an der Sache gut verdient hatte.

Trotzdem, in mir nagte der Wurm der Unzufriedenheit, der sich dank meines Gefühls, irgendwie, irgendwo, irgendwann von Kutowski verarscht worden zu sein, zum Tatzelwurm dickgefressen hatte. Schlimm genug, dass der Fall lange genug gebraucht hatte, bis er überhaupt einer geworden war, aber mit so einem offenen Ende wollte ich ihn bestimmt nicht zu den Akten legen. Bloß wie vorankommen?

Als mir nicht einmal mehr das Pils in meiner Stammkneipe weiterhalf, verfiel ich aus einer plötzlichen Laune heraus auf eine Methode, die ich nur intensivst belächelt hätte, wenn sie mir früher von jemandem nahe gebracht worden wäre, und die so bescheuert war, dass sie prima zu diesem Fall passte. Ich klaubte aus den Tiefen meiner Schreibtischfächer einen fetten, kleinformatigen Notizwürfel, das ungebrauchte Werbegeschenk einer Firma für Büroutensilien, die längst Pleite gegangen war, und schrieb auf jeweils ein gesondertes Blatt jeden mir wichtig erscheinenden Aspekt dieser verkorksten Geschichte seit meiner ersten Begegnung mit Kutowski in Bernkastel. Als ich fertig war, lagen in wilder Folge etwa fünfzig Zettel vor mir, und ich fühlte mich wie ein Bühnendetektiv von Ionesco. Dann ging ich wieder in die Kneipe und trank für je zehn Notizen noch ein Glas. Danach machte mir die Rumschubserei der Papierschnipsel auf meinem

Schreibtisch keinen Spaß mehr, und ich schlief gleich auf meiner Bürocouch ein.

Der nächste Morgen erlebte mich, vom Restalkohol beflügelt, mit ungewohntem Tatendrang und einer ausgesprochenen Lust am Puzzlen. Ich schob die Zettel hin und her, legte sie wie beim Kartenspiel zu verschieden großen Häufchen zusammen, mischte sie wieder durch und formierte die Konstellationen um. Es machte mir wahre Freude zuzusehen, wie sich vor meinen Augen neue Denkmodelle auftaten, eines absurder als das andere. Und wieder neue Reihen, neue Gewichtungen. Da lag Dorothea auf der Jagdhütte und Axel paktierte mit Gisela gegen Kutowski. Da wollte der alte Lechtenbörger dem Jan an den Kragen und Bäcker knüpfte schon einen Strick für Brauer. Eine Formation jagte die andere, ohne dass ich an Durchblick gewann. Was du nicht willst, das man dir tu, füg einem andren Stapel zu. Ich machte wieder einen kurzen Abstecher in die Kneipe, trank aber nur zwei in dem Bewusstsein, dass heute die Glocke werden musste. Und dann, als ich mir in meiner Verzweiflung doch einen dritten bestellen wollte, tauchte vor meinem geistigen Auge plötzlich ein roter Faden auf, der alle Aspekte in sich vereinte und bei dem nach meinem Dafürhalten die Logik jeden störenden Grat abgeschliffen hatte. Ich ging die wenigen Meter zurück in mein Büro und machte mich daran, alles zu Papier zu bringen, um mein Manuskript für den Telefonterror bei Kutowski zu erstellen.

In der Firma wimmelte mich regelmäßig seine Sekretärin ab, und bei ihm in der Wohnung hatte ich nach Dorotheas Abgang immer nur den Anrufbeantworter erwischt. Es kam stets der übliche Spruch, dass der Meister nicht zu Hause sei und der Laberkasten die Nachricht überbringen würde.

Immerhin konnte dieser elektronische Knecht eine Konversation mit mir nicht ablehnen.

Damit ich auch alles schön auf die Reihe kriegte und mich beim Plaudern mit dem Maschinenmenschen nicht verhaspelte, entstaubte ich vorsichtshalber meine alte Olympia, die seit Monaten in der untersten Schublade meines Schreibtisches ein einsames Dasein gefristet hatte. Sie war so schwergängig, dass man die Tasten fast mit dem Hammer herunterschlagen musste, aber was nützte es – von Hand haute bei mir gerade noch meine Unterschrift hin.

Den ersten Bogen konnte ich sofort wegschmeißen, den zweiten machte ich mit Hilfe von reichlich Tipp-Ex verwertbar. Anschließend wurde meine Stimme mit Krombacher geschmiert, und als ich die bekannte Nummer wählte, fühlte ich mich mit dem Blatt in der Hand in der Lage, es einem Politiker gleichzutun.

»Hören Sie mir gut zu, Herr Kutowski, denn diesmal bin ich es, der Ihnen ein Märchen auftischt. Schließlich hat es ja auch mit einem Märchen angefangen. Also ... es war einmal ein armer Bauernsohn, der wollte gerne König werden. Weil ihm dabei aber seine niedere Geburt im Wege stand, konnte er sich dazu nur über die Hochzeit mit der Prinzessin hochhangeln. Und weil er dem König dienlich war und hart für sein Ziel arbeitete, wurde er am Ende auch erhört. Leider unterschied sich sein Märchen von den anderen in einem ganz entscheidenden Punkt. Er bekam nämlich nicht das übliche halbe Königreich dazu, und obwohl er am Ende der Verwalter des ganzen Reiches war, lebte er in der ständigen Angst, jederzeit nach der Pfeife der Prinzessin und des alten Königs tanzen zu müssen. Und sollte es die einmal nicht mehr geben – der König war sehr alt und die Prinzessin sehr krank –, war da immer noch der Sohn der Prinzessin als legitimer Nachfolger des alten Königs. Daher fasste er einen finsteren Plan, der ihm innerhalb nicht allzu langer Zeit die Alleinherrschaft über das ganze Königreich sichern sollte. Er heuerte einen charakterlosen und leicht manipulierbaren Burschen als Gesellschafter für den jungen Prinzen an, der diesem einreden sollte, seine Mutter würde ihn nicht mehr lieben. Das war leicht, denn zum einen war der junge Prinz selber von schwermütiger Seele, zum anderen hatte sich der Schurke bei einer bösen Hexe ein langsam wirkendes Gift besorgt, das die Prinzessin gleichgültig und im Gemüt verwirrt gemacht hatte. Am besten würde der junge Prinz die Liebe der Mutter und ihre Aufmerksamkeit zurückgewinnen, wenn man sie glauben machen könnte, er befände sich in großer Gefahr. So versteckte sich der Spießgeselle mit dem Thronfolger in einer Hütte im Wald, und der Prinzessin gaukelte man vor, ihr Kind sei von Räubern entführt worden. Für den Thronfolger war das ein romantisches Abenteuer, für den Bauernsohn aber nur ein Schritt zur Macht. Er hoffte nämlich darauf, der Prinzessin, die von zartester Gesundheit war, würde vor Kummer das Herz brechen. Dann würde der Bauernsohn den entführten Prinzen zurückbringen und als Held dastehen. Der viel zu junge Thronerbe, dessen Geist sich durch den Tod der geliebten Mutter noch mehr verwirrt hätte, müsste in die Erziehung weiser Frauen gegeben werden, und der alte König hätte gar keine Wahl, als den Bauernsohn zu seinem Nachfolger zu machen. – So ungefähr hätte ich die Sache gesehen, wenn ich der dritte Bruder Grimm wäre. Bin ich aber nicht, und deshalb ging in diesem Märchen einiges schief, ganz erheblich schief sogar und auf tragische Weise. Maurice war leider davon überzeugt, durch sein Verschwinden den Tod seiner Mutter verursacht zu haben, und beging aus Verzweiflung Selbstmord. – Zum Schluss nur eine kleine Frage: Und wenn sie nicht gestorben wär, hätten Sie bei Ihrer Frau dann nachgeholfen?«

Bis dahin hatte ich dreimal anrufen müssen, weil sich das Gerät nach einer bestimmten Zeit von selber abschaltete. Zufrieden mit meinem Werk nahm ich einen Schluck und lehnte mich zurück. Den nächsten Zug musste Kutowski machen.

Am nächsten Tag meldete er sich. Ich musste mir keine Mühe geben, um mich sauer anzuhören, immerhin hatte er mich, abgesehen von seiner Zahlungsmoral, ziemlich enttäuscht. Aber nach meinen Zitaten aus dem Gregoriusschen Sagen- und Märchenschatz hatte er Demut gelernt.

»Tut mir Leid, dass ich Sie als Köder missbraucht hab, da in Essen. Aber ich wusste nicht, ob mein Schwiegervater Sie noch in der Tasche hat, von damals, meine ich, und der mir die Schuld an irgendetwas gibt. Schließlich war er ja als Erster Ihr Klient. Ich wollte einfach wissen, wo Sie stehen. Und ich wollte wissen, ob derjenige, der mir den Mord an Axel anhängen wollte, noch am Ball blieb oder ob er aufgegeben hat. Zwei Fliegen mit einer Klappe, Sie verstehen? Würden Sie angegriffen, war bewiesen, dass auch die anderen davon ausgehen, dass Sie auf meiner Seite stehen.«

Warum, zum Henker, sollte Hamacher mich dann nur im Auge behalten, nicht aber auf mich aufpassen? Die Frage stellte ich aber nur mir, nicht ihm.

Ich konnte ihn kaum verstehen, weil er vermutlich eines dieser brandneuen Handys benutzte, mit denen man fernsehen, tiefseetauchen und den Teppich saugen konnte, bloß nicht mehr störungsfrei telefonieren. Immerhin bekam ich so viel mit, dass er mich unbedingt sehen müsste und unser Treffen wegen seines angespannten Terminplans übermorgen an seinem aktuellen Superprojekt in Brauneberg stattfinden sollte. Die Worte hört ich wohl, allein der Glaube an das bei mir immer zu knappe Geld gab den Ausschlag.

* * *

Und dann begann plötzlich eine Pechsträhne, wie ich sie meinem schlimmsten Feind wünsche. Zuerst rief mich eine weibliche Stimme an und teilte mir in kürzester Form mit, dass das Treffen mit Kutowski abgesagt sei, er würde sich wieder melden. Sie legte auf, bevor ich eine Frage loswerden konnte. Dass ich Kutowski nicht persönlich vor die Flinte kriegte, war noch einigermaßen erträglich und kränkte hauptsächlich meine Eitelkeit. Aber dass sich mein Wagen über Nacht in eine irreparable Wellblechgarage verwandelt hatte, war ein Schlag, der meinen neuerworbenen bescheidenen Wohlstand empfindlich durchbeutelte. Ich hatte noch rund fünftausend auf ein altes Darlehen bei meiner Bank abzustottern und war natürlich nicht vollkaskoversichert.

Ein Nachbar hatte mich morgens aus dem Schlaf geklingelt und mir die frohe Botschaft überbracht. Der Wagen war ein Bild des Jammers. Irgendein schweres Gerät, ein Lkw oder eine Zugmaschine, musste die Seite in einem ziemlich steilen Winkel getroffen haben. Vom Heck an war die Fahrerseite bis in den ersten Türholm geschoben worden. Es war eine Schande, wenn man sah, wie frisch der abgeplatzte Metalliclack funkelte und wie erbärmlich es um den Rest bestellt war. Der Unfallgegner hatte sich selbstverständlich aus dem Staub gemacht. Nach einem Zettel mit seinem Namen und der Adresse zu suchen machte ich mir erst gar nicht die Mühe. Im Übrigen sah der Aufprall für mich so aus, als wäre er absichtlich erfolgt.

Der nächste Knall kam, als ich meinen alten Zweitwagen, einen Jetta, den ich vorsichtshalber nicht abgestoßen, sondern bei einem Bekannten etwas auswärts nach Steele zu in einer Scheune abgestellt hatte, nach zwanzigmonatiger Abstinenz dem Straßenverkehr wiedergeben wollte. Beim Umdrehen des Zündschlüssels gab es nicht den leisesten Klick, und der herbeizitierte Kfz-Meister eröffnete mir im Ton eines Hautarztes, der seinem Patienten schonend beibringen muss, dass sein Haarausfall erblich bedingt und damit nicht zu verhindern ist, dass diese entfernt autoähnliche Großplastik aus verrotteten Holmen, durchgerostetem Boden und festsitzenden Kolben mehr bedürfe als nur einer neuen Batterie. Nur die zu kaufen wäre ungefähr so, als würde man bei einem Aidskranken die Karposisarkome überschminken.

Letztlich blieb mir nichts anderes übrig, als einen neuen alten Wagen anzuschaffen. Ich durchforstete die Annoncen und blieb schließlich bei einem Audi von privat aus erster Hand hängen. Dem Schlitten waren zwar in der Produktpalette zwei Modelle gefolgt, aber er war topgepflegt und hatte keine sechzigtausend runter. Der Preis war mit dreitausendfünfhundert Euro okay, doch schmolz dadurch mein Kontostand schneller als die Zuneigung einer jungen Geliebten zu ihrem Senilverehrer, der sich an der Börse derbe verspekuliert hat.

Summa summarum, ich hätte mal wieder nicht gewusst, wie ich die nächste Miete bezahlen sollte, ich konnte nicht mal mehr der Putzfrau etwas zustecken, die einmal wöchentlich den Büroflur machte.

Da kam der Beschattungsauftrag gerade recht.

Der Typ hieß Bonk und war ohne telefonische Voranmeldung bei mir erschienen. Das kommt selten vor, denn die meisten Menschen sind nicht ganz zu Unrecht der Auffassung, dass ein Detektiv immer unterwegs ist.

Von Physiognomie und Verhaltensweise her erinnerte er mich an einen Specht. Nicht, dass er mit seinem mächtigen, spitzen Zinken lautstark auf den Tisch geklopft hätte. Aber immer, wenn etwas um ihn herum seine Aufmerksamkeit erregte, drehte er den ganzen Kopf in die Richtung wie ein Vogel, der unfähig ist, seine Augen in ihren Höhlen zu bewegen. Dabei musste er sehr darauf achten, durch eine ruckartige Bewegung seine Frisur nicht durcheinander zu bringen. Er trug den Rest seiner Haarpracht so, wie sie zu Olims Zeiten der deutsche Reporter Heinz Maegerlein populär gemacht hatte, den Seitenscheitel auf Ohrläppchenhöhe und die verbliebenen dreißig Haare so über die Pläte gestriegelt, dass der vom Schicksal Gestrafte bei Gegenwind von der einen Seite wie Kojak und von der anderen wie Rapunzel aussah.

Abgesehen von diesem untauglichen Versuch, sein eigenes Spiegelbild zu bescheißen, und dem Umstand, dass sein Rasierwasser einen Hauch zu süßlich war, machte er alles in allem einen ganz manierlichen Eindruck. Ich schätzte ihn auf Mitte vierzig.

»Beschäftigen Sie sich auch mit Personenbeobachtungen?«

Was wollte der Kerl wissen, ob ich mir Fußballspiele live anguckte? »Kommt darauf an.«

»Äh, nun ja, ich bin verheiratet ...«

Das war eine Volkskrankheit, an der die meisten Männer in seinem Alter litten. Ich sagte nichts und nickte nur mein wissendes Nicken.

»Ja, äh, und ... wie soll ich es sagen ... ich habe da eine Freundin, eine ziemlich junge Freundin.«

Mein Nicken wurde um einiges wissender.

»Und, nun, was soll ich sagen ... ich glaube, Manja hat einen anderen.«

Ich zog ihm mühsam aus der Nase, dass er in Münster einen Elektrohandel betrieb und sich vor einigen Monaten bei einer geschäftlichen Besprechung, die in lockerer Runde im *Kiepenkerl* über die Bühne gegangen war, in die kleine Aushilfskellnerin verknallt hatte. Der Fratz war süße achtzehn und älteren Herren mit Geld nicht abgeneigt. Nachdem man sich anfangs oft und intensiv getroffen hatte, war die Begeisterung auf Teenieseite neuerdings ziemlich abgekühlt, und als sie meinem Gegenüber nun eröffnet hatte, sie würde für unbestimmte Zeit Urlaub im Ruhrgebiet – der interessantesten Stadt Deutschlands, wie sie es nannte – machen, ließ sich seine Befürchtung, ein Nebenbuhler könnte die Finger im Spiel haben, nicht ohne weiteres von der Hand weisen. Ich sollte mich an ihre Fersen heften und alles auflisten, was in ihre Nähe kam, männlichen Geschlechts und größer als ein Meerschweinchen war. Und beeilen müsste ich mich, die Reise sollte nämlich schon morgen losgehen.

Meinem Einwand, das würde aber nicht billig werden, begegnete er mit einer von mir hoch geschätzten Geste, indem er viertausend Euro in bar auf den Tisch legte. Noch mehr schätzte ich, dass er keine Quittung verlangte. Und obendrein gingen die Spesen extra. Höchst befriedigt packte ich die Kohle in meinen Uraltsafe zusammen mit dem Blatt, auf dem ich seine persönlichen Daten notiert hatte. Wahre Liebe ist wirklich eine schöne Sache.

Für solche Klienten der Güteklasse A reißt man sich am besten den Arsch auf wie ein Huhn, das Straußeneier legen will. Deshalb stand ich auch pünktlich mit meinem Audi in der Nähe der Wohnung der Angebeteten, eines unauffälligen Mehrfamilienhauses in Nottuln. Die Gegend wirkte ausgesprochen kleinbürgerlich. Deshalb stach mir sofort der dunkelblaue Z 3 ins Auge, der eine halbe Stunde später um die Ecke bog und direkt gegenüber dem observierten Eingang parkte. Der dickliche Knilch am Lenker war etwa im Alter meines Auftraggebers, hatte aber mit seinem Lockenkopf die bei weitem attraktivere Frisur. Der Wagen stand kaum still, als die Haustür aufging und eine zerbrechliche Blondine mit langen Haaren einen kleinen Koffer und eine große Reisetasche auf den Bürgersteig bugsierte. Manja sah mit ihrer engen Jeans tatsächlich so aus, dass sie einen mittelalterlichen Knacker ans Schmachten bringen konnte. Entsprechend zügig wieselte der Dicke aus seiner Protzkarre und verfrachtete nach Bussi links, Bussi rechts das Gepäck mit gekonntem Schwung in den Kofferraum. Dann ging es hinein in das Freizeitvergnügen Marke penem et circenses gleich Kurzweil und Lustbarkeiten und dazu erst mal ab auf die Piste in Richtung A 43.

Am Herner Kreuz dann rechts auf den Emscherschnellweg und schon bald wieder raus an der Abfahrt Gelsenkirchen-Schalke. Von da steuerte der Fahrer das *Maritim* so zielstrebig an, dass mir der Verdacht kam, er würde den Weg nicht zum ersten Mal nehmen. Ich gab ihnen vom Parkplatz fünf Minuten Vorsprung und mietete mir dann ebenfalls ein Zimmer.

Der bemüht aufmerksame Mann an der Rezeption guckte genauso wie seine geldgeilen Pendants in allen Ecken dieser Welt. Daher hatte ich keine Scheu, ihm einen Fünfziger rüberzuschieben mit der Bitte, mich zu informieren, wenn das Pärchen von vorhin Anstalten machen sollte, das Hotel zu verlassen. Als ich durchblicken ließ, dass ich detektivisch im Auftrag des Herrn reiste, wähnte er sich gleich als tragende Rolle in einer internationalen Kriminalaffäre und war so begeistert, dass ich mir die Hälfte des Geldes hätte sparen können.

Die folgenden Tage machten mich im Kielwasser der beiden mit etlichen Sehenswürdigkeiten meiner näheren Heimat vertraut und liefen fast alle nach dem gleichen Schema ab. Nach verpenntem Vormittag und einem auf dem Zimmer eingenommenen Mittagessen pilgerte man zur Villa Hügel, ins Folkwangmuseum, in den Starlight Express, zur Neuen Mitte von Oberhausen und so weiter. Um richtig gedeihen zu können, musste das zarte Pflänzchen Liebe reichlich gegossen werden, am besten natürlich mit Champagner. Deshalb wurde anschließend immer stilvoll diniert, und dann zurück ins Körbchen. Da ich mit Ausnahme des Musicalbesuchs – ich hasse diese Faxenmacherei – auf Tuchfühlung blieb und also alles mitmachen musste, war ich meinem Klienten für seine Bar-im-Voraus-Mentalität doppelt dankbar.

Die beiden machten einen so vertrauten Eindruck, als würden sie sich schon ihr Leben lang kennen. Trotzdem störte mich etwas an ihrem Gehabe. Bei einer so kuriosen Verbindung demonstriert der alte Sack in der Öffentlichkeit mit stolzgeschwellter Brust üblicherweise seine Besitzrechte durch häufiges Bebasteln und Betatschen seines Lustobjekts. Dieser Aspekt fehlte hier völlig. Aber was machte ich mir darum Sorgen? Vielleicht waren ja beide nur gut erzogen.

Nach fast einer Woche, es war der Oberhausentag, fiel mir bei meiner Verfolgertour auf der Gastromeile eine Eifeler Zeitung in die Hände. So erfuhr ich es mit einem Tag Verspätung durch eine kleine Notiz, aber immerhin auf Seite eins. Kutowski war vom Dach seines Vorzeigeprojekts in die Tiefe gesprungen, zweifelsfrei Selbstmord.

Ich verschwendete keine Sekunde einen Gedanken an den eifersüchtigen Herrn Bonk, machte auf der Stelle kehrt und war bei Einbruch der Dunkelheit in Brauneberg.

* * *

Der Betonklotz war so gut wie fertig. Zwar waren die üblichen Gitterzäune noch aufgestellt und dahinter auch genügend Baumaschinen vorhanden, aber man sah auf den ersten Blick, dass es sich nur noch um Tage handeln konnte, bis das große Abräumen beginnen und Platz für die Leute vom Innenausbau gemacht werden würde. Der ganze Bereich hinter dem Zaun war taghell erleuchtet, und drei Schäferhunde liefen frei herum, die allen sensationslüsternen Gaffern einen guten Grund gaben, sich nicht zu lange aufzuhalten.

Ich war in der Hoffnung gekommen, auf ein bekanntes Gesicht zu stoßen, das mich ins Bild setzen und mir vielleicht sogar ein paar Hintergrundinformationen geben könnte. Im Moment sah ich jedoch außer den Hunden kein anderes Lebewesen. Das konnte ich nachvollziehen, denn ungefähr auf der Höhe von Mendig hatte ein leichter, aber stetiger Regen eingesetzt, der jede schäbige und überteuerte Spelunke zu einem angenehmeren Aufenthaltsort machte als den Platz vor dem Grundstück.

Als ich noch vor dem Zaun auf und ab ging, kam ein Mann in Arbeitskleidung und Helm aus dem Gebäude auf mich zu und leuchtete mir mit einer Taschenlampe ins Gesicht.

Nach kurzem Zögern fragte er: »Sind Sie nicht der Herr Gregorius?«

Ich erkannte ihn auf den zweiten Blick. Er war einer der Männer, die zu Kutowskis Vertrauensleuten gehörten und der deshalb auf meine Empfehlung hin zusammen mit einigen Kollegen seinerzeit nach dem Verschwinden von Maurice Kutowskis Haus bewacht hatte. Auf mein knappes Nicken deutete er auf ein Tor fünfzehn Meter weiter, und während ich mit hochgeschlagenem Kragen in Schlangenlinien um ein paar Pfützen herum darauf zumanövrierte, beorderte er die Hunde per Pfiff in den verdrahteten Vorhof einer Wellblechhütte. Dann beeilte er sich, mich durch die Gittertür ins Trockene unter die Überdachung des Foyers zu lotsen.

Beim Passieren des provisorischen Zwingers konnte ich nicht widerstehen. Ich konnte an diesen knuddeligen Kehlenbeißkötern einfach nicht ohne den Versuch vorbeigehen, meinen Zeigefinger durch das Gitter zu stecken und ihn in alter Tierheimmanier ablecken zu lassen. Und tatsächlich, die Bestien bissen ihn nicht ab, sondern schnulzten daran herum. So viel zum Charakter einer Kreatur, die gerne mit den Vokabeln dumm, räudig und geprügelt in einem Atemzug genannt wird und oft so viel besser ist als die angebliche Krone der Schöpfung.

Ich klopfte mir die Tropfen von der Jacke und kam ihm mit der nicht übermäßig intelligenten Frage: »Ist das wahr, was ich da gelesen habe, Kutowski ist tot?«

»Ja, und zwar da vorne, da haben wir ihn gefunden.«

Die Stelle, die er meinte, befand sich links vom Haupteingang in unmittelbarer Nähe der Hauswand, nur durch eine breite Zufahrt und die Ufervegetation vom Fluss getrennt. Genauer gesagt, zwei Stellen, denn kurz über dem Boden war sein Körper auf den scharfkantigen Stahlarm einer Lampe geprallt. Es gab kein Flatterband, keine Polizeisiegel, keine sonstigen Maßnahmen zur Tatortsicherung. Was ich sah, war ein Stück Baustelle, mehr nicht.

»Was, keine Absperrung, die Polizei hat das Gelände jetzt schon freigegeben?«

»Ja klar, wieso nicht? War doch einwandfrei Selbstmord. Der Chef ist alleine hier angekommen. Ich hatte hier auch vorgestern Wachdienst und hab es selber gesehen. Das können außerdem noch zwei Kollegen bestätigen. Dann ist er raufgefahren. Die Bullen haben oben alles abgesucht. Keine Spur von einer Fremdeinwirkung, wie die das nennen. Der ist einfach gesprungen. Die haben auch sofort selber gemeint, das war der richtige Tag dafür.«

Der richtige Tag für einen Selbstmord, gibt es das mittlerweile auf dem polizeilichen Wunschzettel? Mein Gesichtsausdruck veranlasste ihn zu einer näheren Erläuterung.

»Na, vorgestern, das war doch der Geburtstag von dem Bengel, diesem Moritz oder so ähnlich. Und an dem Tag haben die doch damals auch geheiratet, der Chef und die Tochter vom Alten, mein ich. Das war doch der große Feiertag in der Familie Lechtenbörger und Kutowski. Und da ist es mit dem Chef wohl durchgegangen, Frau tot, Kind tot, da sind ihm an dem Tag die Nerven durchgegangen, mein ich.«

Das meinte offensichtlich auch die Polizei, die deshalb ihre Zelte hier gar nicht erst aufgeschlagen hatte. Ich vermutete, dass Lechtenbörger mit seinen Beziehungen noch ein bisschen Druck von oben gemacht hatte – wer kann schon ein Hotel mit dem Flair eines Galgenbergs gebrauchen? – und der Alltag war zurückgekehrt.

War ja auch alles ganz logisch. Trotzdem wollte ich mir noch gerne die Stelle ansehen, an der Kutowski zuletzt gestanden hatte, bevor er sich auf dem Wege des Selbstversuchs davon überzeugen konnte, dass man gegen das Gesetz der Schwerkraft besser nicht verstieß.

Auf der einen Seite war er in der Firma der Macher, dessen Kompetenz und Durchsetzungsvermögen die Stabilität des

Betriebes garantierten. Andererseits war er nur ein Zirkuspferd, das tanzen und springen musste, sooft der alte Direktor mit der Peitsche knallte, der ihm nicht länger durch Tochter und Enkel verpflichtet war. Dass er sich in den Tod stürzte, nachdem seine Pläne, auf deren Erfüllung er über ein Jahrzehnt hingearbeitet hatte, endgültig gescheitert waren, war bloß konsequent. Wieder eine typisch deutsche Tugend, derer sich gelegentlich aber auch das Schicksal bedient. Denn dass sein Sprung ihn in zwei Teile zerrissen hatte, war die wahre Ironie.

»Ich würd mir noch gerne die Stelle ansehen, von wo er gesprungen ist. Kann ich da mal rauf?«

Er zuckte gleichgültig die Achseln. »Klar, wenn Sie sich das antun wollen, bei dem Regen. Nur, ich kann hier unten nicht weg. Aber Sie wissen ja, wo er gefunden worden ist. Dann sehen Sie ja auch, von wo er gesprungen ist.« Dabei schloss er einen Nebeneingang zur Empfangshalle auf, die mit reichlich noch verpackten Materialien vollgestellt war, und wies auf eine Lifttür zu meiner Rechten. »Die sind schon alle in Betrieb, aber nur dieser und der da hinten gehen bis zum Dach rauf. – Ich lass den Schlüssel hier stecken. Wenn Sie fertig sind, können Sie abschließen und ihn mir in die Bude hinterm Zwinger bringen.«

Als ich oben aus dem Aufzug stieg, kam ich mir im ersten Moment so vor, als hätte ich mich in einen Weinberg katapultiert. Sie hatten das komplette Flachdach als Anbaufläche ausgestaltet mit allem, was dazugehörte. Ich schätzte den höchsten Hügel auf anderthalb Meter, und überall Rebstock an Rebstock. Eine Schautafel neben dem Liftausstieg erläuterte dem geneigten Betrachter, dass der Bodengrund kreidigen Ursprungs und extra aus der Champagne angekarrt worden sei. Bei den Traubensorten handele es sich um

Chardonnay, Pinot Noir und Pinot Meunier. Wenn mein Banausenwissen mich nicht im Stich ließ, waren das die Sorten, aus denen zum Beispiel Moët & Chandon gemacht wurde. Damit der Sand nicht weggeweht wurde, bevor das dazwischen eingesäte Gras angegangen war und ihn binden konnte, waren insbesondere die Kuppen mit Folien geschützt. Die Wege waren rollstuhlgerecht, aber unauffällig ausgearbeitet. Ohne die beiden niedrigen Aufzugshäuschen wäre die Illusion nach Entfernung der Planen komplett.

Alle Achtung, das war starke Medizin, die hier die reichen Stammeshäuptlinge ruhig stellen sollte, bevor sie stilvoll in die ewigen Jagdgründe eingingen.

Ich wagte mich bis zum Rand des Daches, der noch durch kein Gitter gesichert war. Das würde erst ganz zum Schluss kommen, wenn man sicher sein konnte, dass nichts mehr über Lastenaufzüge außen hochgefahren werden musste. Der kürzeste Weg zur Vorderfront hörte genau an der Stelle auf, von der Kutowski gesprungen sein musste. Mir wurde ziemlich schwummrig, als ich in die Tiefe blickte und weit unter mir die Lampe erkannte, die aus meinem Auftraggeber auch in tatsächlicher Hinsicht eine gespaltene Persönlichkeit gemacht hatte.

Ob es daran lag oder an der nassen Kälte, die mir allmählich in die Knochen kroch, jedenfalls erfasste mich ein ebenso plötzlicher wie starker Drang zu pinkeln. Ich widerstand meinem Kindheitstraum, das von der Dachkante aus zu erledigen, weniger aus Anstand als wegen der Befürchtung, der Wind könnte mir den Strahl an die Hose oder mich sogar selber in die Kutowskische Flugbahn wehen. Auf der Suche nach einem halbwegs trockenen und windgeschützten Platz landete ich schließlich hinter dem nur wenige Schritte entfernten Lifthäuschen, das rundum von einem circa einen

Meter breiten Vordach umgeben war. Bevor ich daran ging, dem kostbaren Bodengrund einen letzten Schuss von Authentizität zu verleihen, fielen mir neben dem schmalen Betonumlauf an die zwanzig kleine, kreisrunde Vertiefungen auf, teils isoliert, teils sich überlappend. Ich hatte schon einige von ihnen weggepinkelt, als ein Déjà-vu-Blitz durch mein Gehirn zuckte, zu unbestimmt, um ihn einordnen zu können, aber so heftig, dass ich seinetwegen mein an sich unaufschiebbares Geschäft unterbrach.

Sehr viel öfter als meine Pistole oder ein Handy trage ich eine Konica A 4 mit mir herum, einen Fotoapparat, der das Attribut Kompaktkamera wirklich verdient. Trotzdem schafft sie es, Aufnahmen aus einer Mindestdistanz von nur fünfundvierzig Zentimetern zu machen. Ich tastete instinktiv meine Jacke nach ihr ab und fand sie in der linken Innentasche. Ehe die Natur endgültig die Macht über mich zurückeroberte, gelangen mir aus unterschiedlichem Winkel vier Aufnahmen der ausnahmsweise nicht in einem Kornfeld gelegenen mysteriösen Kreise. Dann pinkelte ich auch sie weg, ehe Erich von Däniken ein Buch darüber schreiben konnte.

Ich fuhr wieder nach unten, bedankte mich bei dem freundlichen Mitarbeiter, dem ich einen Zwanziger in die Hand drückte, und erreichte Gelsenkirchen in kaum mehr als zwei Stunden, in denen ich permanent die Geschwindigkeitsbegrenzung ignoriert hatte.

Der Portier informierte mich darüber, dass mein Pärchen wieder eingetroffen und auf seinem Zimmer sei, sodass ich mich beruhigt schlafen legen konnte.

Am nächsten Tag lockten mich meine Schlepphasen in die Dortmunder Westfalenhalle, in der eine Verbrauchermesse stattfand, und am übernächsten stand Lohausen auf dem

Plan. Ich dachte zuerst, es würde wieder die übliche Besichtigung. Aber dann gingen sie sehr zielstrebig in die Ankunftshalle und postierten sich an einem der Zollausgänge, nachdem sie einen Zettel wiederholt mit den Anzeigen auf den Informationsmonitoren verglichen hatten.

Es dauerte eine Viertelstunde, als sich mal wieder die Schiebetüren öffneten und in einem Pulk sonnenverbrannter und müder, aber glücklich aussehender Menschen eine Frau um die vierzig ausspuckten, die beim Anblick meines Pärchens noch etwas glücklicher als die anderen aussah. Alle drei fielen sich in die Arme, und dann ging es mit dem Bussi-Bussi erst richtig los. Ich schob mich nah genug ran, um erkennen zu können, dass die Ringe von Mann und Frau abgesehen von der Größe identisch waren. Vater und Tochter hatten die alleinurlaubende Mutter nach ihrem dringend benötigten Wellnessurlaub vom Flughafen abgeholt und fuhren nun als intakte und endlich wieder komplettierte Familie nach Hause.

Mit der Selbstbeherrschung eines Fakirs hinderte ich mich daran, mir selber einen in die Fresse zu hauen, und fuhr schneller nach Münster, als für die übrigen Verkehrsteilnehmer gut sein konnte.

Der Idiot von Bonk hatte mir tatsächlich seine richtige Adresse angegeben.

Ich schellte dreimal, bevor ich es mit der Nachbarklingel versuchte. Die Frau, die mir aufmachte, meinte, ich sollte es mal in seinem neuen Stammlokal probieren, dem *Casablanca*, erst vor vierzehn Tagen eröffnet und etwas nördlich von Wolbeck an der Landstraße rechts. Dabei musterte sie mich mit einem komischen Blick, dessen Bedeutung ich erst verstand, als ich zu dem Schuppen fuhr und über dem Eingang die Regenbogenfahne flattern sah. Wahrscheinlich hatte

Bonks Erzeuger einst wie jeder Vater gehofft, der Sohn würde zu einem richtigen Kerl heranwachsen, aber leider machte der dabei nur halbe Sachen und war in seiner höchstpersönlichen Evolution auf dem Weg zum homo erectus beim homo stecken geblieben.

Reinzugehen dürfte wenig Zweck haben, da hätte er seine Kumpel zur Verstärkung und ich als Außenseiter keine Chance. Aber ich würde ihn mir auf dem Heimweg schnappen, und dann müsste es schon mit dem Teufel zugehen, wenn ich aus dem schwulen Bonk nicht rausquetschen könnte, warum er mir die Scharade mit der betrügerischen Geliebten vorgespielt hatte.

14. Kapitel

Auf dem Weg zu meinem Treffen mit Lechtenbörger ließ ich den Fall Revue passieren. Ich hatte keinen einzigen Schuss abgefeuert, keinen Totschläger eingesetzt und noch nicht einmal einem reichen Mann widersprochen. Das Schlimmste, was ich getan hatte, war, zwei Merten-Schädel zu polieren. Dafür hatte ich etwa fünfzehntausend Euro kassiert. Nicht schlecht. Andererseits hatte ich weder das Leben von Gisela noch das ihres Sohnes retten können. Nach der anstehenden Unterredung sollte ich den Fall am besten vergessen, spätestens, wenn der schäbige Rest des Geldes ausgegeben war. Bis dahin würde es allerdings noch lange dauern, wenn sich meine Hoffnungen erfüllten. Ich hatte nämlich vor, für die Verletzung meines Namensrechts ein erkleckliches Sümmchen einzufordern, ebenso für die Verwandlung meines geliebten BMW in einen Schrotthaufen. Als Ein-Mann-Femegericht hatte ich Lechtenbörger gnadenlos über den Ersatz meines materiellen und immateriellen Schadens hinaus zur Höchststrafe verurteilt, wobei ich allerdings bereit war, mildernde Umschläge zu berücksichtigen.

Der Parkplatz hinter dem Café war gut belegt, überwiegend von Leuten, die im Supermarkt im Untergeschoss einkaufen wollten. Ich ergatterte eine Einstellbucht am äußersten Rand und machte mich mit leichtem Gepäck auf den Marsch. Statt der Kamera hatte ich heute die Walther eingesteckt. Ansonsten trug ich abweichend von meiner Standardausrüstung eine Stange Toast und einen Spazierstock, den ich mir extra für diesen Tag zugelegt hatte. Außerdem hatte ich den gelungensten Abzug meiner vier Aufnahmen in der Tasche.

Ich balancierte die Packung Toastbrot auf meiner ausgestreckten Hand und rief den Enten am Ufer zu: »Nur Geduld, meine Freunde, auch ihr kommt heute noch zu eurer Prämie.«

Mein Erscheinen hatte ich mit einem kurzen Anruf angekündigt, und Lechtenbörger war umsichtig genug gewesen, der guten Dorothea für heute frei zu geben.

Ich selber war umsichtig genug, mich nicht in die Höhle des Löwen zu begeben. Deshalb hatte ich als Treffpunkt auf Brauneberg bestanden, Parkplatz vom *Jufferblick*, von wo es mal gerade hundert Meter bis zur Absturzstelle Kutowskis und von da noch weniger bis zum Moselufer waren, alles bestens von Passanten einzusehen. In eine Falle wie in Essen würde ich nicht noch einmal stolpern.

Ich hatte ihn mit den Worten geködert: »Guten Tag, Herr Lechtenbörger. Ist das nicht ein herrliches Wetter zum spazieren gehen? Und so eine wunderbare Luft. Ich habe Lust, die Enten zu füttern. Wollen Sie mich nicht begleiten? Außerdem möchte ich Ihnen etwas Interessantes zeigen.«

Ich musste nicht lange warten, bis ein neuestes Modell der Mercedes-S-Klasse heranrauschte und drei Einstellplätze neben meinem Audi hielt. Als ich ihn kommen sah, setzte ich mich in Trab runter zum Ufer. Dabei drehte ich mich immer wieder so, dass er die Hälfte der Fototüte sehen konnte, die aus meiner Jackentasche guckte. »Ich geh schon mal vor zum Wasser.«

Auf halbem Wege hatte er mich eingeholt. »Was sind das für Mätzchen, die Sie sich hier mit mir erlauben? Sind Sie jetzt völlig verrückt geworden?«

Er war kein bisschen außer Puste. Überhaupt hatte er sich seit unserer letzten Begegnung nicht verändert. Die Pharmaindustrie hat einfach zu große Fortschritte gemacht, sodass es

Typen wie Leuchtenbörger immer wieder gelang, der Natur und ihren Gesetzen das eine oder andere Schnippchen zu schlagen.

»Ganz im Gegenteil. Und ich bin schon gar nicht so verrückt, mit Ihnen in Ihr Haus zu kommen, wo wer weiß was für Typen auf mich lauern könnten. – Ich bin hier, um endlich den Fall insgesamt abzuschließen und, wenn Sie vernünftig sind, ein kleines Geschäft mit Ihnen zu machen.«

»Was reden Sie da für einen Unsinn von Geschäft! Glauben Sie wirklich, Sie könnten mir diesen Quatsch anlasten, den Dorothea da ohne mein Wissen aufgezogen hat. Damit habe ich ...«

»Weiß ich doch, weiß ich doch alles, mein Herr. Nein, über diese kleine Gymnastikstunde in Essen würde ich mich nicht so aufregen, vor allem nicht, wenn ich den Verlauf bedenke. Nein, nein, ich will einem Mörder seine Freiheit verkaufen.«

Er blieb abrupt stehen. »Aber das ist doch ...«

Ich ging ungerührt weiter und hielt wieder den Toast hoch. »Kommen Sie, ich muss ein Versprechen einlösen.«

Am Ufer suchte ich mir eine Stelle, an der wir zwar gesehen, aber nicht belauscht werden konnten, und fing mit dem Zerbröseln der Brotscheiben an. Die Enten waren zwar eher da als Lechtenbörger, aber immerhin war er so klug, sich nach einer kurzen Überlegung richtig zu entscheiden und nicht umzukehren.

Ich winkte ihn zu mir heran ganz in die Nähe des Wassers, wo kein Gras mehr wuchs. »Vielleicht erhöht es Ihre Neigung zu verhandeln, wenn ich mit dem Erzählen anfange. Dass ich Bonk auf den Zahn gefühlt habe, wissen Sie bestimmt. Der hat Sie sicher angerufen.«

Bei einem Furz im Weltall wie Bonk hatte ich darauf spekuliert, ihm in aktueller Ermangelung einer Kanone die

Konika ins Kreuz drücken und ihn im Vertrauen auf seine Kenntnisse der einschlägigen Schwarz-Weiß-Filme mit den Worten »Wir machen jetzt eine kleine Stadtrundfahrt« in den Wagen komplimentieren zu müssen, um seine Gesprächsbereitschaft anzuheizen. Im Fall extremer Widerspenstigkeit hatte ich mich sogar darauf eingerichtet, mit einigen erzieherischen Backpfeifen an seine Wahrheitsliebe zu appellieren. Dabei war es realiter – ich glaube, Kutowskis teuer erkaufte Bildung hat in fataler Weise auf mich abgefärbt – viel einfacher. Ich musste nur, als er endlich nach drei Stunden, in denen mir im Wagen der Arsch eingeschlafen war, aus der Kneipe kam, seinen beflissen neben ihm herscharwenzelnden blondgelockten Frühlingsboten vom Gehweg schubsen und ihn selber mit einem strengen Blick zum Auto dirigieren. Danach erzählte er mir mehr, als mir lieb war.

Der für mich wichtige Teil war, dass Lechtenbörger, mit dem er geschäftlich seit Jahren verbunden war und der ihm so viele Aufträge vermittelt hatte, dass er es sich nicht leisten konnte, ihn zu brüskieren, ihn in zwei Fällen für sich eingespannt hatte. Zum einen hatte er sich von Bonk das neueste Handymodell so zurechtfriemeln lassen, dass alle Gespräche auf einem Zwillingsmodell mitgehört werden konnten. Zum anderen hatte Bonk mich mit einem getürkten Auftrag für eine gewisse Zeit möglichst weit weglocken sollen. Weil das sofort geschehen musste, war ihm keine bessere Geschichte eingefallen als die, die er mir aufgetischt hatte. Das Mädchen war tatsächlich die Bedienung in einem Lokal, in dem er gelegentlich zu Mittag aß, und hatte ihm schon seit Wochen von ihrem anstehenden Urlaub vorgeschwärmt. Vom Alten hatte er das Geld für mich erhalten, aber keine weiteren Informationen.

Ich bin nicht immer so dämlich, wie ich mich in dieser Angelegenheit ein paarmal verhalten habe. Daher konnte ich mir den Rest einigermaßen zusammenreimen. Das Verräterhandy wurde ein Geschenk an den geliebten Schwiegersohn, das Gegenstück behielt Lechtenbörger selber. Auf diese Weise hatte er mein Märchen von einem, der auszog, sich ein königliches Bauimperium unter den Nagel zu reißen, mitgehört. Ob das allein genügt hatte, in ihm den Entschluss zu wecken, Kutowski zu erledigen, wusste ich nicht, bezweifelte es aber stark. Das war einer der Punkte, die Lechtenbörger mir noch erklären musste. Jedenfalls wurde ihm irgendwann klar, dass er seinen Schwiegersohn umbringen musste, und das sollte wie ein Selbstmord aussehen. Hierfür bot sich perfekt *der* Familientag schlechthin an, was dann ja auch bestens funktioniert hatte. Ich konnte insofern nur vermuten, dass er, nachdem er über sein Judastelefon von meiner Verabredung mit Kutowski erfahren hatte, diese in meinem Namen abgesagt hatte. Dann hatte er für den fraglichen Tag, wieder in meinem Namen, ein neues Treffen arrangiert.

Dies alles legte ich Lechtenbörger in knapper, nur durch gelegentliches Entenschnattern übertönter Zusammenfassung dar. Die Grundstory brauchte ich nicht zu wiederholen, die kannte er ja schon vom abgehörten Telefonat. »Und dann haben Sie Ihren Schwiegersohn vom Dach gestoßen.«

Er machte einen letzten, nur halbherzigen Versuch. »Ich war in meinem ganzen Leben nicht auf diesem Dach. Sie sind ja to...«

»Total übergeschnappt? Keineswegs. Schauen Sie mal auf den Boden, da, wo sich Ihr Stock eindrückt.«

Er starrte verständnislos auf die vielen kleinen Kreise, die die Gummizwinge seines Krückmanns auf- und nebeneinander in den feuchten Sand gedrückt hatte. Auf dem Dach hatte ich mich nebulös daran erinnert, Ähnliches schon mal gesehen zu haben. Es war in Lechtenbörgers Vorgarten gewesen, als er sich mit dem Stock neben dem Plattenweg aufstützte.

Ich zog das Foto aus der Tasche und hielt es ihm unter die Nase. »Wir stehen jetzt eine Weile hier, und nach der Anzahl der Abdrücke schätze ich, etwa so lange haben Sie auch oben hinter dem Häuschen auf Kutowski gelauert. Als graue Eminenz der Firma kommen Sie mühelos an jeden Schlüssel für jedes Tor ran. Bei der Regenwoche, die wir hier hatten, haben sich kaum Nachtwächter draußen aufgehalten, und die Kuschelhunde sind sowieso Ihre ganz besonderen Lieblinge.«

Er blieb einige Sekunden stumm, dann umspielte ein leichtes Lächeln seine Lippen. »Dieses Foto da, das sind Ihre ganzen Beweise? Das ist nicht mal die Kosten für den Abzug wert.«

»Ja, das sind meine ganzen Beweise. Aber mir stehen ja auch nur sehr bescheidene Mittel der Beweiserhebung zur Verfügung. Die Polizei hat da bessere Methoden. Die kann einen Beweis liefern, der bringt Ihnen todsicher lebenslänglich ein, wenn ich denen den richtigen Tipp gebe. – Schauen Sie einfach noch mal auf den Boden, sehen Sie sich seine Beschaffenheit an. Es ist Sand, aber ein völlig anderer als der auf dem Dach. Ich weiß nicht, was Sie mit Ihrem Krückmann seit dem Mord gemacht haben, aber in Salzsäure haben Sie ihn bestimmt nicht gebadet. Wetten, dass die Pfiffikusse im Polizeilabor feststellen werden, dass ein paar mikroskopisch feine Teilchen in der Gummizwinge vom Dachweinberg aus der Champagne stammen?«

Ich selber hätte nicht darauf gewettet, denn wer weiß, wo der Sand für den Dachgarten wirklich hergekommen war und ob es ihn nicht auch an tausend anderen Plätzen gab. Doch Lechtenbörger hatte offensichtlich sehr viel mehr

Zutrauen in die Möglichkeiten und Fähigkeiten der Wissenschaft als ich. Er war angeknockt.

Zur Vorsicht schickte ich noch einen rechten Haken hinterher, indem ich ihm einen Blick auf meine Kanone gestattete. »Ich werde Sie mit dem Stock hier nicht weglassen; es sei denn, wir finden einen Weg der Verständigung. Und falls Sie jetzt mit dem Gedanken spielen sollten, den Knüppel einfach in die Mosel zu werfen, und ich mir dafür nasse Füße holen muss, dann treibt das den Preis nur in die Höhe.«

»Und in welcher Höhe soll unsere Verständigung stattfinden?«

»Immer schön der Reihe nach. Zunächst benötige ich einige Auskünfte. Ich hasse nämlich lose Enden in einem Fall. Also, wie haben Sie Kutowski dazu gebracht, da raufzukommen? Der muss doch irgendwas gewittert haben nach der Ermordung von Axel, sonst hätte er mich nicht als Köder in Essen präsentiert.«

»Er schätzte mich immer noch so ein wie zu der Zeit, als wir uns kennen gelernt haben. Damals ging mir die Firma über alles. Ich war ein Idiot, damals, ich hätte sogar meine Tochter dafür verleugnet. – Ich hab ihm erzählt, dass ich alles wüsste, dass ich mich aber trotzdem mit ihm einigen würde zum Wohl der Firma.«

»Und das hat er Ihnen abgenommen.«

»Ja klar, er kannte mich ja nicht anders.«

»Und warum ist dann trotzdem alles anders gelaufen, warum ist er jetzt tot?«

»Weil er nicht kapiert hat, dass ich später umgedacht habe.«

»Dann war Ihnen schließlich Ihre Tochter doch wichtiger als der Betrieb?«

»Meine Tochter nicht. Aber mein Enkel.«

»Und was ist mit seinem Freund Axel? Außer Ihnen fällt mir niemand ein, der hinter seinem Tod stecken könnte. Warum musste der sterben – weil er dabei geholfen hat, Ihren Enkel in den Tod zu treiben?«

Bis jetzt hatte sich unsere Unterhaltung so angehört, als hätten wir uns über die rezenten Preise für Fertigmörtel unterhalten. Jetzt wurde der Klang seiner Stimme verbissener.

»Das alleine hätte schon genügt. Aber diese gierige Ratte kam obendrein auf die Idee, Kutowski, der ihm zwanzigtausend für seine Mithilfe gegeben hatte, für noch mal die gleiche Summe an mich zu verkaufen. Stellen Sie sich diese Dreistigkeit vor! Nun, ich hab ihm das Geld versprochen und ihn in die Jagdhütte bestellt. Da haben ihn sich dann meine Leute vorgenommen. Und um Ihnen die Frage zu ersparen, deren Namen werden Sie von mir nicht erfahren, auch dann nicht, wenn Sie zur Polizei gehen. Die sind in Ordnung, die kannten Maurice. Für die war Axel nur ein Wurm, der seinen besten Freund sterben lässt, um noch mehr Kohle zu kassieren. Abschaum. Genau deshalb haben sie ihn auch härter vorgenommen als erforderlich. Und als sie dann meinten, dieser Drecksack sollte mal eine Vorstellung davon kriegen, wie der Junge sich in seinen letzten Sekunden gefühlt hat, haben sie wohl zu spät reagiert. Ein Unfall, wenn Sie so wollen. – Na ja, das war dann nicht mehr zu ändern. Und da die Situation nun mal so war, wie sie war, konnte man sie auch ausnutzen und versuchen, die Sache dem Schwein von Kutowski anzuhängen. Schade, dass es nicht geklappt hat. Dafür kann ich mich dann wohl bei Ihnen bedanken? Egal, Schwamm drüber. – Schließlich mussten wir die Verbindungen kappen, so gut es möglich war. Einer ist zu den Kumpeln von Axel gefahren. Der wollte nämlich, als es ihm ans Leder ging, wieder ganz schlau sein, und hat gesagt, er hätte bei denen Aufzeichnungen hinterlegt, und wenn er nicht pünktlich zu Hause wäre, dann – na ja, der übliche Quatsch. Sobald mein, äh, Bekannter festgestellt hatte, dass diese komischen Vögel völlig ahnungslos waren, hat er ihnen das restliche Geld gegeben, das er in der Bude von Axel gefunden hatte, damit sie abhauen konnten und nicht blöd nach ihrem Spezi rumfragen würden. Das Geld hatte er aus Axels Wohnung. Die hatte er sich als Erstes bei der Suche nach Unterlagen angesehen. – Ist Ihre Neugier damit befriedigt?«

»Okay. Und nun zum materiellen Teil.«

»Das heißt, Sie wollen Geld?«

»Selbstverständlich. Das war doch kein Zufall mit meinem Wagen. Sie mussten eine Situation schaffen, in der ich dringend auf einen neuen Fall angewiesen war. Nachdem einer Ihrer Knechte mit einem der Baumaschinenpanzer meinen Wagen verschrottet hatte, wussten Sie genau, dass ich auf jeden halbwegs lukrativen Auftrag fliegen würde wie die Spatzen auf einen frischen Pferdeapfel. Dafür will ich eine angemessene Entschädigung. Außerdem haben Sie Ihrem Schwiegersohn gegenüber meinen Namen missbraucht, als Sie die Verabredung gecancelt haben. Ein anderer Mensch mit meinem werten Namen, tz tz. So was schmerzt meine empfindliche Seele. Und last not least verkaufe ich Ihnen dieses hochkünstlerische Foto mitsamt meinem Schweigen über Ihren Spazierstock und damit die Garantie, den Rest Ihres Lebens in Freiheit genießen zu können. In Ihrem Alter kann man ein solches Angebot nicht hoch genug einschätzen, meine ich.«

»Also wie viel, Sie Erpresser?«

»Sie sind doch ein Gentleman alter Schule. Ich bin sicher, solche Geschäfte wickeln Sie immer noch in bar ab. Ich kann mich gut daran erinnern, dass Sie immer einen schönen Stapel Couverts mit je zehntausend in Ihrem Safe hatten. Deshalb stecken Sie jetzt besser die doppelte Summe von der ein, die Sie nach meinem Anruf in weiser Voraussicht kalkuliert haben. Ist doch für einen guten Zweck. Damit kann man Menschen ausgesprochen glücklich machen.«

Wenn er nun meinte, ich würde einen Teil davon Piet und Eddie als Quasi-Erben von Axel zukommen lassen, hatte er sich geschnitten. Der einzige Mensch, den diese Kohle glücklich machen würde, war ich – sehr glücklich sogar.

»Und auf so einen Dreh soll ich mich einlassen, damit Sie jeden Monat wieder bei mir auf der Matte stehen können?«

»Weit gefehlt, werter Herr. Für den Mord an Axel habe ich nicht den geringsten Beweis und für den an Ihrem Schwiegersohn nur Ihren Krückmann, um den ich jetzt übrigens mal bitten darf.« Ich gab ihm meinen dafür im Tausch, wie ich es mir von Anfang an zurechtgelegt hatte. »Und wenn Sie mir jetzt freundlicherweise fünfzigtausend holen würden, gebe ich Ihnen Ihren eigenen Stock zurück, und die Sache ist zwischen uns für alle Zeiten erledigt.«

Der Toast war aufgebraucht, und mit den enttäuschten halbgesättigten Enten zog auch er ab, war aber im Gegensatz zu ihnen eine Dreiviertelstunde später wieder da. Ich steckte fünf Umschläge in meine Tasche und überließ ihm zur Linderung seines finanziellen Verlustes den zweiten Stock. Wir verabschiedeten uns voneinander, ohne uns die Hände zu schütteln.

* * *

Als ein paar Wochen verstrichen waren und Lechtenbörger nichts unternommen hatte, um mich umzubringen, hatte ich genügend Abstand gewonnen, um zu versuchen, unter Beachtung aller zeitlichen, logischen und – weit schwieriger –

menschlichen Faktoren abschließend noch einmal die komplette Chose zu überdenken und alle diese Aspekte unter einen Hut zu bringen. Ich war überzeugt, dass ich der Wahrheit verdammt nahe gekommen war, vielleicht sogar genau auf den Punkt getroffen hatte. Kutowski, der Malocheraußenseiter in der alteingesessenen Geldaristokratenfamilie, musste erkennen, dass Tüchtigkeit alleine nicht genügte, um akzeptiert zu werden. Ich war überzeugt davon, dass er sich bei seinem Plan mehrere Optionen offengehalten hatte und von vornherein sein Endziel der Tod von Frau und Stiefsohn war. Hätte zum Beispiel Maurice sein Experiment abgebrochen, konnte Kutowski Gisela trotzdem mit einer Überdosis killen und es als letzten Ausweg einer verzweifelten Mutter darstellen, die nicht verwinden konnte, dass ihr einziges Kind ihretwegen verschwunden war. Der Junge würde dann reagieren wie gehabt. Hätte sich der sensible Junge jedoch vorher selber umgebracht, weil er deprimiert darüber war, dass sein Verschwinden keinen wirklich interessierte, hätte alles umgekehrt funktioniert und Gisela wäre entsprechend freiwillig oder unfreiwillig aus dem Leben geschieden. Und sollten alle Stricke reißen, dann hätte er den Bengel eben selber erledigen müssen, und seine Frau wäre aus eigenem Antrieb über den Jordan gegangen. Falls nicht, war er wieder zur Hilfestellung bereit.

Man konnte es drehen und wenden, wie man wollte, hatte sich Kutowski erst einmal zur Tat entschlossen, würden die Dinge so oder so ihren Lauf nehmen. Ob er dabei sehr direkt jemandem das Lebenslicht ausgeblasen hatte, würde ich nie herausfinden. Das war aber letztlich auch gleichgültig, denn er hatte die Weichen gestellt und den Tod zweier Menschen angestrebt, ihn zumindest billigend in Kauf genommen.

Mich hatte Kutowski dabei die ganze Zeit als Daueralibi eingebaut, als leuchtendes Symbol für jedermann, dass er doch alles getan hatte, um Schlimmes zu verhüten.

Womit er nicht gerechnet hatte, war die Dummdreistigkeit von Axel, durch die Lechtenbörger alles erfahren hatte, und die mörderische Konsequenz seines Schwiegervaters. Aber wo kämen wir denn hin, wenn solche Verbrecher ebenso ungeschoren blieben wie kleine Erpresser?

Und da wir gerade beim Thema sind: Ungeschoren blieb auch nicht die Nobelresidenz am Moselufer. Als nämlich mit Kutowskis Tod der Strom der Schmiergelder versiegte, sahen die Entscheidungsträger in Bauamt, Landschaftsbehörde, und was es da sonst noch an aufgehaltenen Händen gibt, keine Veranlassung mehr, sich dem Schrei der Paragraphen nach korrekter Anwendung und den drängenden Eingaben von Anrainern und Umweltverbänden zu widersetzen. Die von Anfang an rechtswidrige Baugenehmigung wurde widerrufen, drei hohe Beamte zogen sich von heute auf morgen aus den üblichen gesundheitlichen Gründen aus dem Schaugeschäft zurück, und einen Monat später war das Moselmonster dem Erdboden gleichgemacht. Auf dem wurde übrigens nun wieder, wie mir mein Freund Heiner lachend per Telefon verriet, Müller-Thurgau angebaut. Der Name für den neuen Jahrgang stand auch schon fest: Mosel Royal.

Als der nächste Winter heranrückte und ich ein Gutteil meines Honorars in den Kneipen und sonstigen Etablissements in meine üblichen Getränke und weitaus vergnüglichere Verlustierungen umgesetzt hatte, gönnte ich mir den Spaß und fläzte mich nach meiner Heimkehr aus dem Stammlokal mit dem Buch der Gebrüder Grimm in den Sessel und las ganz in Ruhe noch einmal die Geschichte, die mir kaum unwahrscheinlicher vorkam als die Taten der

Familie Lechtenbörger. In ein paar hundert Jahren würde das von mir Erlebte in den Augen der Nachwelt vermutlich auf dem gleichen Realitätslevel liegen wie Rumpelstilzchen. Obendrein amüsierte ich mich noch immer über meine fabelhafte Naturmethode der Beweismittelbeseitigung auf dem Dach mit Moselblick.

Danach hatte ich für einige Wochen von Märchen die Schnauze voll und las erst wieder eines, als ich von meiner Bank einen Prospekt über besonders gute Kapitalanlagemöglichkeiten in Aktienfonds bekam.

KBV-KRIMI

Egon Olsen
Heideblues

KBV-Krimi Nr. 149
Taschenbuch, 196 Seiten
ISBN 3-937001-66-2

Der eitle Musikmanager Dr. Günther Didier hat jede Menge Feinde in der Haifischbranche. Dass ihm ausgerechnet in der Abgeschiedenheit seines Landsitzes jemand den Schädel einschlagen würde, hätte aber niemand gedacht.
Tatort ist das malerisch gelegene Gut Eichenhof in der winterlichen Lüneburger Heide, auf dem der Ermordete ein Trüppchen illustrer Gäste aus dem Showgeschäft um sich versammelt hatte. Unter ihnen ist der chronisch abgebrannte Songschreiber Paul Nickel. Auch für ihn erweist sich die Landluft als äußerst ungesund: Nicht nur, dass ihn ständig ein Trecker zu überfahren versucht, er gerät er auch noch unter Mordverdacht. Nickel muss die Sache notgedrungen selbst aufklären und entwickelt dabei eine unkonventionelle Methode …

Carola Clasen
Schwarze Schafe

KBV-Krimi Nr. 147
Taschenbuch, 228 Seiten
ISBN 3-937001-64-6

In der Tierwelt blöken, fressen und vermehren sie sich innerhalb der Herde wie alle ihre Artgenossen, und ihre Fellfarbe ist nur eine Laune der Natur.
Bei den Menschen allerdings verhält es sich etwas anders: Äußerlich meist völlig unauffällige Einzelgänger treiben ihr grausiges Unwesen oft jahrelang unentdeckt und werden nur selten und durch Zufall von den Hütern des Gesetzes aufgespürt und ausgebremst.
Mehr als zwei Drittel aller Morde, die diese schwarzen Schafe auf dem Gewissen haben, sind Beziehungstaten. Kein Wunder also, dass es da alle treffen kann, Brüder, Schwiegermütter, Ehemänner, Kollegen, Freunde, Liebhaber …
Zwanzig bitterböse Geschichten aus der Feder einer Dame, die literarisch versiert zu morden versteht.

F.G. Klimmek
Des Satans Schatten

KBV-Krimi Nr. 144
Taschenbuch, 288 Seiten
ISBN 3-937001-61-1

Lange hat es Frederik von dem Kerkhof nicht in seinem holländischen Exil gehalten.
Es gilt, in Crange eine Dankesschuld abzutragen, die ihn zwingt, einen Mord aufzuklären, der nach menschlichem Ermessen nicht von einem Sterblichen begangen worden sein kann.
Damit betritt unser Held erneut ein mittelalterliches Szenario aus Tod, Intrige und Verrat von ungeahnter Dimension; denn der Ermordete war damit befasst gewesen, dem spurlosen Verschwinden ganzer Familien nachzuspüren.

»Klimmek fabuliert munter und in einer süffigen, plastischen Sprache, die in ihrer Mischung spätmittelalterlicher Prallheit und neuzeitlicher Coolness immer wieder einen Hang zur Parodie durchblicken lässt.«
(GIG, Münster)

KBV-KRIMI

F. G. Klimmek

Schnee von gestern

KBV-Krimi Nr. 123
Taschenbuch, 384 Seiten
ISBN 3-937001-13-1

Kein Geld der Welt garantiert das ewige Leben. Deshalb müssen irgendwann sogar Millionäre sterben. Weil dies aber bei drei Kameraden auf besonders brutale Art geschieht, zittern die greisen Mitglieder des exklusiven holländischen Yachtclubs nicht nur aus Altersgründen. Abhilfe soll Karl-Heinz Schmidt schaffen, der Frührentner aus dem Ruhrpott, mit dem dicken Bauch und den dünnen Haaren. Selber eingebettet in Wohlstand und die dazugehörige Langeweile, geht Schmidt mit wenig Begeisterung an die Sache heran, denn er hält die Morde für die Taten individueller Geschäftskonkurrenten. Doch dann findet er heraus, dass alles bereits im Sommer '44 in einem deutschen Konzentrationslager begonnen hat und die Toten nur Teile einer Mordserie ungeahnten Ausmaßes sind.

Anke Ahle

Pole Position

KBV-Krimi Nr. 125
Taschenbuch, 288 Seiten
ISBN 3-937001-15-8

Die Fachwelt ist überrascht, dass der völlig unbekannte Formel-Eins-Pilot Jean-Luc Dalesasse einen Vertrag beim Top Team Williams bekommt. Mit seiner unkonventionellen Art und mit spektakulären Fahrten am Limit wird er schnell zum Shooting Star der Saison. Er ist auf bestem Wege, beim Kampf um den WM-Titel dem Konkurrenten Ferrari davonzufahren, als ein Testfahrer tödlich verunglückt. War es wirklich ein Unfall? Eigentlich sollte Jean-Luc an diesem Tag im Cockpit gesessen haben. Er wittert Sabotage und Mordabsichten. Plötzlich kämpft er nicht mehr nur um den Titel, sondern um sein eigenes Leben. Ein Skandal aus der Vergangenheit wirft seine Schatten auf die Gegenwart: Als er erkennt, um was es eigentlich geht, scheint die Pole Position schon verloren ...

Jacques Berndorf (Hg.)

Mords-Eifel

KBV-Krimi Nr. 124
Taschenbuch, 192 Seiten
ISBN 3-937001-14-x

Jacques Berndorf hat die Eifel berühmt gemacht. Die Auflagen seiner Kriminalromane aus dieser Landschaft im Wilden Westen Deutschlands erreichen Millionenhöhe. Seine Titel wie »Eifel-Wasser« oder »Eifel-Liebe« erklimmen regelmäßig die Bestsellerlisten.

In diesem KBV-Sammelband hat der Erfinder des »Eifelkrimis« seine schwarzen Schafe um sich versammelt: Carola Clasen, Ralf Kramp, Gisbert Haefs, Carsten-Sebastian Henn und viele andere haben ihre literarischen Leichen in eine raue Landschaft gelegt, die tatsächlich wie geschaffen scheint für Kriminalgeschichten aller Art. In knapp zwanzig mörderischen Eifel-Kurzkrimis bieten Berndorf & Co. spannendste Unterhaltung.

KBV-KRIMI

F. G. Klimmek

Wie die Fliegen

KBV-Krimi Nr. 112
Taschenbuch, 336 Seiten
ISBN 3-937001-07-7

Karl-Heinz Schmidt ist fett und fünfzig. Er mag keine Schwulen, keine Kinder, keinen Knoblauch und keine Hitze. Er liebt Heineken und Jenever. Also ist Holland für ihn das gelobte Land, in dem er als Frührentner im Alkoholdunst vor sich hindämmern kann. Jedenfalls so lange, bis aus unerklärlichen Gründen ein heimtückischer Mordanschlag auf ihn verübt wird, dem er nur mit sehr viel Glück entgehen kann. Schmidt muss bei seinen Nachforschungen feststellen, dass die Leute, denen er dabei begegnet, plötzlich sterben wie die Fliegen. Er braucht ziemlich lange, bis sein Herumstochern ihn mehr zufällig zum Drahtzieher der Verbrechen führt und er erkennen muss, dass ein antiker Schimmelpilz ein mörderischerer Antrieb sein kann als eine schöne Frau.

Jürgen Raap

Ein Koffer aus Bern

KBV-Krimi Nr. 107
Taschenbuch, 288 Seiten
ISBN 3-937001-02-6

Was befindet sich in dem Koffer, den der verkrachte Kölner Detektiv Karl-Josef Bär aus der Schweiz abholen soll? Sein Auftraggeber, der Geheimdienstler Schröder, behauptet, es sei Geld - viel Geld. Möglicherweise sind es aber auch irgendwelche brisanten Papiere. Wie immer wird Detektiv Bär nicht schlau aus dem Mann vom MAD. Als er den Koffer bei einem gewissen Dr. Kaspereit in Köln abliefern will, stößt er dort auf dessen Leiche. Von nun an wird die Luft für Bär ziemlich dünn, denn nicht nur die Witwe des Toten, sondern auch sein Bruder beginnen, nach dem ominösen Geldkoffer zu suchen. Und schließlich heften sich auch zwei Männer des russischen Militärgeheimdienstes an seine Fersen.

»Witzig, kritisch, ironisch. Raap nimmt alle Krimi-Klischees aufs Korn.« (Bild)

Justin Larutan

Lobenrots Echo

KBV-Krimi Nr. 106
Taschenbuch, 224 Seiten
ISBN 3-937001-01-8

Der Stargermanist Feebler bittet den Privatdetektiv Vodenka um Hilfe, weil ihm sein alter, psychisch labiler Schulfreund Lobenrot angeblich nach dem Leben trachtet. Trotz größerer Zweifel nimmt Vodenka den immerhin lukrativen Auftrag an, findet jedoch so gut wie nichts heraus. Dann ist Feebler tot - vom Dach seiner Stuttgarter Penthouse-Wohnung gestürzt. Im Laufe seiner Nachforschungen verstrickt sich Vodenka immer mehr in ein Gespinst aus Lügen und Täuschungen; nichts in dem ihm fremden Universitäts-Milieu ist so, wie es zunächst schien. Die Figuren um Feebler entpuppen sich allesamt als bizarre, mehr oder weniger inszenierte Trugbilder.

»Am sauberen Putz der Fassade kratzen und eine schimmelige Wand dahinter aufdecken - das kann Larutan gut.« (Stuttgarter Nachrichten)